香りを嗅いだだけで、思い出す。
それは、刺激的でちょっぴりビターな
青春の記憶――

いまや全国的にも広く知られるご当地カレー
「金沢カレー」をはじめ、カレー店が多い都道府県ランキング
3年連続第一位に輝いた石川県。
古都・金沢を舞台に、
「この世からスパイスが消えてしまった……」
という未曽有の事態に直面した世界で
繰り広げられる青春群像劇。

Introduction

監督

瀬木直貴

登場人物をスパイスになぞらえて
設定していこうと思いついて、
そこからストーリーができあがりました

Director Interview 01

Profile

せぎ・なおき◎1963年三重県生まれ。立命館大学を卒業後、映画界へ。映画監督、TV番組やコマーシャルなどのディレクターとして活躍。映画作品は、オリジナル作品、オールロケ作品にこだわり、その全てにプロデューサーとしても関わっている。監督作品『ラーメン侍』（2011年）、『カラアゲ☆USA』（2014年）、『恋のしずく』（2018年）、『いのちスケッチ』（2019年）ほか、プロデューサー作品『光を追いかけて』（成田洋一監督／2021年）、『アライブフーン』（下山天監督／2022年）ほか。

―今回『スパイスより愛を込めて。』を監督されることになった経緯を教えてください。

僕はいままでに『ラーメン侍』でラーメンを扱ったり、『カラアゲ☆ＵＳＡ』では唐揚げを扱ったりなど、グルメ系の映画を撮っていて、食べ物をモチーフにした映画って幅広く可能性があるということに気づいているんです。自分が監督をした映画でも、たとえば『ラーメン侍』は、とんこつラーメン店の親子二代の物語ですが世界23か国で上映されましたが、そのうち半分はイスラム圏の国でした。

―イスラム教といえば豚を食べない国ではありますが。

食べなければいいわけで、観ることについては問題ないということを聞きました。そのあたり人それぞれの考え方もあるんでしょうけど。2012年にイスラエルとイランで同時に上映されたこともありました。政治的に対立されているような国でも同じ映画が上映されていること、映画は平和の象徴だなとも思いました。食べ物は国境も越えるということも身を持って知ったし、やっぱり生活の上で、身近な題材として、食べ物はあるんです。映画という媒体と食べ物というモチーフを結びつけることによって、もっと世界中の人に観ていただける、関心を持っていただけるという確信に近い考えがあります。ハリウッドではラッセ・ハリストレム監督が『奇跡のスパイス』『ショコラ』などの食べ物を題材にした映画を撮っています。僕自身、食べ物の映画を極めたいっていうのはあります。その中で、2016年に公共放送の世論調査で「日本人の好きな食べ物」の第一位がカレーだったんです。それまではお寿司が一位で、ラーメンでも一位にはなっていないんです。

―カレーは国民食とも言われていますよね。

日本人が好きなのはやっぱりお米なんですね。お寿司にしてもカレーにしても。カレーはインドにルーツのあるスパイス料理ですが、日本にはイギリスを通して入ってきて、ガラパゴス的に日本独自で進化してきた食べ物だと思うんです。そこを映画で掘り下げてみたいなとも思いました。

―映画の舞台は金沢市を中心に、石川県ですよね。

僕がかつて撮った映画で『恋のしずく』という、日本酒を題材に広島県の西条でロケをした映画があります。それをゴーゴーカレーの宮森宏和会長が観られていて、「カレーの映画を作りませんか」っていう軽い感じではありますがオファーがあったんです。

―監督ご自身でもカレーの映画を考えていたところに。

そのタイミングで出会ったということがありました。金沢は宮森会長の出身地でもあるし、実際に金沢に行ってみると「金沢カレー」に代表されるように、街全体でカレーに対する熱量があるんですね。人口あたりのカレー店の登録数は石川県が全国一位だったと思います。金沢というと古都のイメージもありますし、魚介類の美味しいイメージもありますが、カレーもあるなっていうことも改めてわかりました。宮森会長は僕に気を使っていたのか「石川県で撮ってほしい」とは言わなかったんですが、僕のほうから「撮るなら石川県でしょう」と。僕自身、石川県には映画の撮影などで何度も行っていたし、縁も感じましたね。

—ロケ地選びのポイントなどありますか。

僕はいままで映画を22作監督していますが、すべてオールロケでオリジナル作品なんです。自分が机上でプランニングしてどこで撮ろうとかそういう発想は一切していないです。まず、そのロケ地になるところのご出身の方や住んでいる方との出会いがあって、そこからロケ地が決まるんですね。今回の『スパイスより愛を込めて。』でも、宮森会長との出会いから、自然と石川県で撮る流れになりました。実際、高校生たちが川沿いを歩いているだけのシーンでもすごく絵になって、いい街だなと改めて思いました。

—ロケ地が決まってから、ストーリーを考えていくわけですね。

こういう映画を撮りたいからと撮影場所にアプローチをするわけでなく、逆のアプローチになりますね。地域との出会いによって映画を作っています。だからキャスティングもそこからになります。それで、カレーやスパイスについていろいろ調べたりもするわけですが、カレーやスパイスって調べれば調べるほど、カオスというかわからなくなってくるんですね（笑）。

—カレーあるあるですね（笑）。

もうカレーの映画はできないんじゃないかなとも思ったんですが、スパイス単体にはそれぞれいろいろな効果がありますよね。そのスパイスが組み合わさることによってカレーを始めとしたいろいろな料理ができるわけで、スパイスの組み合わせなんて天文学的な数字になるわけで、もう宇宙のようだと思ったりインドの曼荼羅のようだと思ったり。知れば知るほどわからなくなる中で、登場人物をスパイスになぞらえて設定していこうと思いついて、そこからストーリーができあがりました。近年、僕が撮った映画の中では一番ストーリー作りに苦しんだかもしれません。

―スパイスになぞらえる設定ということで、4人の高校生が主軸のストーリーとなっていました。実際の現場ではどのような雰囲気だったんでしょうか。

映画の物語とは別のところで、僕が見たこの4人の印象をいえば、主役の蓮を演じた中川翼さんは賑やかで華やかな女子高校生役3名と一緒にいることが多い撮影現場の中、常に落ち着いていて調整役といった感じでした。主役を演じるということは自然と自分の色に染めてしまうことも大切です。彼の佇まいにはそういったところがあり、カレーにおけるターメリックのようでした。

その一方、もうひとりの主役の莉久を演じた茅島みずきさんは、もう立ち姿だけで存在感があって、まわりの空気を一瞬で変えてしまう迫力がありました。考え抜かれたうえで発する言葉も強くて重く、撮影現場でハッとさせられることもありました。まわりに刺激を与えるチリペッパーのような役割を発揮していました。沙羅役の速瀬愛さんには、若さが香り立つクミンのような存在感を期待していました。実際、撮影現場でも明るく元気でよく喋る、沙羅が憑依したかのような雰囲気で、演技指導など無意味に思えるぐらいでした。美宇役の坂巻有紗さんには、豪快な笑い声で厳しい撮影現場が救われました。物静かでしとやかな女性を演じたり学ランを着て美男子を演じたりと、いろいろな表情を見せてくれましたが、惹き込まれそうな大きな瞳に、コリアンダーのような強い存在感を感じました。

—カレーの監修では、スパイス料理研究家の一条もんこさんが入っていたりしていますね。

どのようなカレーにするかは相談しながら決めていった感じですね。お母さんが作ったカレールウで作るカレーからスパイスだけで作るカレーまで、幅広く。その中でもお母さんが作るカレーでも焦がしバターを加えていたりなど、カレーの味っていうのは各家庭であるんだっていうことを表現することができたりもしました。カレーはほんとバリエーションありますよね。

—監督ご自身で好きなカレーはありますか。

これはほんと難しい質問ですね（苦笑）。その時々自分のコンディションによって選ぶカレーが変わってくるので好きなカレーっていってもあげられないです。本格的インドカレーを食べたい時もあれば、タイのグリーンカレーを食べたい時もあるし、欧風カレーを食べたい時もあるし、チェーン店のカレーを食べたい時もあるし、そのタイミングもあるので。僕の場合、これは他の食べ物でも言えることなんですが。

—監督ご自身のこともお聞きしたいんですが、映画監督を志そうとしたきっかけはなんだったんでしょうか。

かいつまんで言うと、僕が初めて観た映画は『モスラ対ゴジラ』です。まだ5～6歳の頃でした。僕は三重県の四日市市出身ですが、ゴジラシリーズで一番破壊された街は四日市です。『モスラ対ゴジラ』『怪獣大戦争』『ゴジラ対ヘドラ』『ゴジラ対メカゴジラ』と4作品で四日市は破壊されています。破壊されるとはいえ自分たちの街がスクリーンに映っているということが誇らしく思えて映画っていいなと子供心に思いました。それで、僕は京都にある立命館大学に進学するんですが、そのときに東映の京都撮影所でアルバイトをしていたこともあり、映画業界の方たちと出会うことになりました。役者さんでも若山富三郎さんとか松方弘樹さんとか、もう大スターですよね。そういった方たちとも距離が近かったんです。ただ、僕

は新聞記者になりたくて、就職活動では新聞社を受けたんですが全部落ちました。それで東映の子会社に入社したんです。そこでは2時間ドラマの監督などをやったりもしましたが、26歳の時、急に映像に関しての興味が薄れてしまい会社を辞めて、9か月ぐらいバックパッカーで世界中を旅しました。それで、僕が旅をしている間にバブルが崩壊して、海外から帰ってみたら働く場所がないみたいな（笑）。それで仕事をどうしようかなって時に映画関係の仕事の話があって、また映画の世界に戻ったら、映画ってほんと面白いなと思いました。一度離れたからこそ面白さがわかったというか、そんなところはありました。そこからですね、本気でやろうとしたのは。

―世界中を旅していて、印象に残っているところなどありますか。

　東ヨーロッパは印象に残っていますね。まだベルリンの壁崩壊前だったので簡単には行けない場所だったんです。東ドイツ、チェコ、ルーマニアなど行きました。いまのようにネットもない時代だから情報も少なくて、現地で東ヨーロッパのほうに行ける方法を見つけたりもしました。こういった旅の経験は直接映画に反映されているわけではないですが、文化であったり多様性であったりを知ったことによって培った経験が、後の映画作りにおいて役立っているのかなと思います。

―この映画を観るお客さんに何かあればお願いします。

　みなさんのご協力があって、とてもいい映画になりました。『スパイスより愛を込めて。』というタイトルに象徴されますが、この映画を観てカレーを食べに行ってほしいですね。そして石川県はいろいろな魅力のある県なので、ぜひ行ってみてください。よろしくお願いします。

Cast
登場人物紹介

山本家

長男 蓮
（中川 翼）

高校生。カレー好きで野球部所属。沙羅とは幼なじみで、妹のように思っている。莉久とはカルダモンの香りをきっかけに知り合う。野球部キャプテンに思いを寄せている。

父 直哉
（田中直樹）

書店員。香織が描く漫画のファン。蓮の近況に興味津々。

母 香織
（田中美里）

漫画家。締め切りの日は必ずカレーを作っていた。

葛城 沙羅
（速瀬 愛）

高校生。蓮とは幼なじみ。明るく元気で、同世代から人気を集めるモデルとして活躍。

立花 美宇
（坂巻有紗）

高校生。蓮たちが通う高校の先輩。空手部。カレーをきっかけに莉久たちと知り合う。

キャプテン
（藤枝喜輝）

蓮が所属する野球部キャプテン。

金髪男
（三浦永夢）

美容師。沙羅からアプローチを受ける。

端目家

長男 真司
（福山翔大）

スパイス研究者。一時期は父・陽一と共同研究をしていたが、陽一がウィルス感染の研究を始めたことをきっかけに、憎むようになる。山神大臣サポートのもと、研究を続けている。

長女 莉久
（茅島みずき）

高校生。蓮と沙羅とは同級生。スパイス研究一家で育ち、自身もカレーオタクに。常にカルダモンが入った小瓶を首から下げている。父・陽一から何かを預かっているようだが…。

父 陽一
（萩原聖人）

スパイス研究者。スパイスがウイルスに効くことを表明し、カレー不足を引き起こすことになった。

山神大臣
（加藤雅也）

厚生労働大臣。真司のスパイス研究をサポートしている。陽一の研究結果を批判。

井川
（西山繭子）

山神大臣の秘書。

母 美帆
（横山めぐみ）

スパイス研究者。ウィルスまん延の影響で帰国できずにインドネシア滞在中。

スパイスより愛を込めて。

山本 蓮役

中川 翼

スパイスがなくなる世界観でカレーと金沢と青春が盛り込まれた素晴らしい映画です。

Cast Interview 01

Profile

なかがわ・つばさ◎神奈川県出身。4歳のころにモデルデビュー。2015年、テレビ未来遺産『ORANGE～1.17命懸けで闘った消防士の魂の物語～』で俳優デビュー。同年公開映画『ヒロイン失格』で映画初出演。映画『光を追いかけて』(2021年)でも主演を務める。TBSドラマ『私を離さないで』(2016年)、NHK大河ドラマ『おんな城主 直虎』(2017年)、関西テレビドラマ『青のSP―学校内警察・嶋田隆平―』(2021年)などに出演。

―『スパイスより愛を込めて。』の出演依頼を受けたとき、率直にどう思いましたか。

最初お話をいただいたときはカレーの映画としか聞いていなくて、カレーの映画ってどんなのだろうと思っていました。あとで台本をいただいて読んでみたら、スパイスがなくなる世界というテーマがミステリー性もあって非常におもしろかったです。以前、映画『光を追いかけて』で主演をさせていただいたのですが、あのときはまだ中学生でした。高校生になって初めての主演をさせていただくことになって、また別の緊張感もありました。以前の経験を生かすことができればというところから始まりました。

―中川さんが演じた蓮は、どんな高校生ですか。

蓮は、表向きにしているわけではないのですが、ジェンダーレスという設定です。だからちょっとずつ練習というか、動作や声のトーンを少しずつ慣らしていくというか、ジェンダーレスを自然に演じられるようにしました。ジェンダーレスですがジェンダーレスというのを見せずに普通に振る舞っているという役柄です。

―なかなか難しそうですね。

「蓮はジェンダーレスなんだ」と思われず、自然と違和感ないようにしたくて、どれだけそれを表現できるかが難しかったです。もうひとつ演じるうえで難しかったことが、人との関係性、距離感です。家族との距離感、友人との距離感、先輩との距離感、数センチぐらいの本当に微妙な差ではあるんでしょうけど、その距離感の演じ分け、これが難しかったです。

―ほぼ同年代のみなさんとの共演は刺激になりましたか。みなさんそれぞれどんな印象でしたか。

初対面の女の子3人に対して男は僕ひとりだったので、最初はなじめるのか不安もありましたが、撮影が始まればそんな不安もすぐになくなり、仲良く演じることができました。莉久役の茅島みずきさんはとにかく迫力がありました。目力もあるし、ミステリアスな役に引き込まれて最高でした。速瀬さんも坂巻さんも役柄としてだけでなく、普段も引っ張っていってくれる感じで頼もしかったし、いい関係性だったと思います。

―好きなシーンはどこでしょうか。

最後の方、クライマックスのちょっと前ぐらいの学園祭で、みんなでカレーを作って配るシーンです。ザ・高校生という青春の空気感がありました。大人が観たら「こういう時間もあったな」と、懐かしく感じられるのではないかと思います。このシーンは、僕の中ですごく印象に残っています。

―中川さんの場合、現在はリアルに高校生でもありますよね。

そうですね。コロナ対策も今は緩和されつつありますけど、僕も中学生活、高校生活の学校行事など、いろいろと潰されてきました。そういう体験ができなかった中で、擬似的にではありますが学園祭を体験できたのは自分としても忘れられない経験であり、光景だったと思います。僕と同じ10代の人たちには、この空気感を映画館で味わってほしいです。

ーあの大鍋のカレーは匂いが映画館まで伝わってきそうですよね。

そうですよね（笑）。僕は自分でも料理をするんですが、考えてみれば初めて母の料理を手伝ったのは、カレーだったと思います。肉や野菜を切ったりする簡単なことですけど。カレーを煮込んでいる時間は、すごくワクワク感がありました。小さいころの経験からも、カレーを好きになっています。最近作ることでハマっているのはペペロンチーノで、簡単といえば簡単ですけど、具材や煮込み方のちょっとの違いでまた別の味になるんです。その中からベストなペペロンチーノを探すのが楽しくて、1週間ぐらい作り続けたこともありました。次はカレー作りにも挑戦したいです。

ーロケ地となった石川県に行ったことはありましたか。

今回初めて行きました。金沢の街は普段東京にいると見ることができない貴重な風景で、街の伝統を肌で感じることができました。金沢の街の雰囲気があったからこそ、リラックスして撮影に取り組むことができたと思います。撮休にどこかに出かけるなどがあまりできなかったことだけは悔いが残っていますが、また金沢に行く機会があれば、観光などを全力で楽しみたいと思っています（笑）。

ー莉久が蓮、沙羅、美宇をスパイスに例えるシーンがありましたが、中川さんご自身をスパイスに例えるとどんなスパイスですか。

作品中で蓮はターメリックと言われていますが、僕もターメリックです。ターメリックっていう響きも好きです。

―芸能界に入ったきっかけを教えてください。

4歳のときに母に「モデルをやってみない?」って聞かれたことから始まっています。そのころ、僕はすごく人見知りだったので、母もそれを改善させようとしたのかもしれません。僕もモデルが楽しくなってきていました。小学2年生のときに、お芝居のオーディションを初めて受けてから現在に至っています。小学2年生だから演技についてどうこうわかるわけではないんですけど、自分ではない他人になれる、他人として生きることができる世界ということで、自分の中で興味も湧いてきて、役を演じることが楽しかったし、ありがたいことに今もお仕事をいただくことができて、続けられています。

仕事と学校、今も普通の高校に通っていますが、オンとオフの切り替えがうまくいっているというか、自分にはこういった生活も合っているのかなと思っています。

―目標としている役者さんはいますか。

事務所の先輩の菅田将暉さんが目標です。菅田さんの日本武道館でのライブを拝見する機会があったのですが、ステージ上では俳優とはまた別の顔でキラキラとしていて、素晴らしいなと思いました。菅田さんは憧れであり目標ですね。

―お仕事でも学校生活でもコロナで制約が多々あったと思います。中川さんがコロナについて思うことなどありますか。

大人とは感覚が違うということは前提になりますが、僕は中学生のときにコロナ禍となり、高校生活は最初からマスクをしている状況でした。それが当たり前だったんです。そのような状況でも、最善の楽しみ方を見つけようとしていたことはいい経験になったと思います。当たり前が当たり前でなくなり、当たり前でなくなってから当たり前のよさに気付く。現在緩和されてきていますけど、あの期間があったからこそ、人として成長できたような気がします。もちろん、コロナそのものはなかったほうがよかったんですけど、いい経験だったと思うようにしています。

―映画を楽しみにしている方へメッセージをお願いします。

この映画はカレーから始まって、高校生活の青春もありますし、人との関係性など現代社会と共通する部分もあると思います。いろいろな見方ができるので、感じ方も人それぞれだと思いますが、カレーと金沢と青春が盛り込まれた素晴らしい映画になったので楽しんでほしいです。

端目 莉久役

茅島 みずき

とにかくカレー好きにはたまらない作品。登場人物ひとりひとりも個性豊かですてきな方たちばかりです。

Cast Interview 02

Profile

かやしま・みずき◎長崎県出身。主な出演作に連続テレビ小説『おかえりモネ』(2021年/NHK)、『卒業式に、神谷詩子がいない』(2022年/NTV)、『女子高生に殺されたい』(2022年)、『サバカン SABAKAN』(2022年)、『教祖のムスメ』(2022年/MBS)、『明日、私は誰かのカノジョ』シーズン2(2023年/MBS)がある。『ゼクシィ』他、多数のCM・広告にも出演中。また、映画『交換ウソ日記』(2023年)など、公開待機作も控えている。

―今作品のお話をいただいたときや、撮影を終えての今の感想をお願いします。

　このお話をいただいたときにカレーをテーマにした映画だと聞いていたので、どんなお話なのかすごく気になりました。台本を読むとすごくおもしろくて、どのように映像化されるのかという期待と、自分がちゃんと演じられるかの不安がありましたが、撮影を終えた今はほっとしています。

―茅島さんと実年齢がほぼ変わらない莉久ですが、茅島さんから見た莉久は、どんな人物ですか。また、莉久を演じるうえで心がけていたことや、気をつけていたこと、瀬木監督から要望などはありましたか。

　莉久は私よりもすごく大人で行動力がある子だと思います。そして、家族に対しての愛がとてもあるすてきな女の子です。実際の年齢よりも落ち着いた雰囲気で演じるように、常に心がけていました。カレーが大好きな子なので、普段とのギャップをそこで見せたいなと思い、カレーへの愛を語るシーンでは早口で笑顔で話すなど、普段とのギャップを見せられたらなと思い演じていました。瀬木監督とはどのシーンもしっかりと話し合って撮影できたので、とても安心感がある撮影でした。

―同年代の俳優さんとの共演は、刺激になりましたか。

　人見知りということもあり、最初は仲よくなれるのか不安だったのですが、撮影が進むにつれてだんだん仲よくなることができました。いろいろなシーンをみんなで話し合いながら撮影できたので、とても勉強になりました。

―現場で苦労したことや楽しみにしていたことなどありましたか。また、現場はどのような雰囲気でしたか。

　普段使わないスパイスの名前を覚えるのが難しかったです（笑）。楽しみだったのはカレーを食べることです。食べるシーンが多かったので、「早く食べたいなあ」とワクワクしていました。現場は緊張感がありつつも、とてもお芝居しやすい環境を作ってくださっていたので、役に集中することができました。

―福山翔大さんと共演されてどんな印象でしたか。

　福山さんはとてもフレンドリーで、芝居に対して真摯な方だと思いました。初日の撮影で緊張していたのですが、たくさん話しかけてくださって、撮影後半には本当のお兄ちゃんのようにいろいろなお話をすることができました。お芝居についても相談しながら撮影できました。

―萩原聖人さん、加藤雅也さんなど錚々たる俳優さんと共演してみての率直な感想と、ご自身の中で得るものはありましたか？

撮影は純粋にすごく緊張していました。でも本当にみなさんがやさしくてすてきな方々ばかりだったので、緊張感はずっとありましたが、安心して撮影に臨むことができました。皆さんのお芝居に向き合う姿勢や実際にお芝居を見て、とても刺激をいただきました。

―謎のウイルスがまん延しているという設定は、現実でも2年前の世界情勢と通ずるものがあります。情報が錯綜し、どれが正しい情報なのかもわからない不安な状況下でした。今作品を通して、ご自身で思うことや考えることはありますか。

実際に新型コロナウイルスが流行しはじめて、たくさんの方々が不安な日々を送っていたと思います。コロナウイルスのせいでたくさん悔しい思い、悲しい思いをした方もとても多いと思います。そんな時代だからこそみんなで手を取りあって生きていく、ひとりだと無理なことがみんなで力を合わせれば乗り越えられることもあるんだなと、この作品を通してすごく感じました。

―映画を楽しみにしている方へ、メッセージをお願いします。

とにかくカレー好きにはたまらない作品だと思いますし、登場人物ひとりひとりも個性豊かですてきな方たちばかりです。謎のウイルスがまん延しているという今の時代ととても似ているお話なので、共感できる部分も多い作品になっていると思います。

葛城 沙羅 役

速瀬 愛

改めてカレーの持つ魅力を知りました。
そして新しい石川県の魅力を知ることができる映画だと思います。

Cast Interview 03

Profile

はやせ・あい◎兵庫県出身。TBS『王様のブランチ』リポーター出演中。映画『18歳、つむぎます』(2023年)に出演。Paraviオリジナルドラマ『悪魔はそこに居る』(2023年)、ドラマ『推しが武道館にいってくれたら死ぬ』(2022年)、TBSドラマストリーム『理想ノカレシ』(2022年)、WEBドラマ『すべての恋は片想いからはじまるっぽい』(2021年)に出演。その他、CMや舞台などマルチに活躍中。

―脚本を読んでみて、どのような感想を持たれましたか。

私はまだキャリアが浅いし、不安も大きかったです。それぞれのキャラが引き立つようにするにはどうしたらいいかを考えてみたりしました。撮影のときはもう高校を卒業していたのですが、制服をまた着ることができたのはうれしかったです（笑）。

―撮影を終えてみて感じたことはありますか。

あっという間だったなというのが正直なところです。役者の方は同世代も多くて、みなさんのお芝居を観ていて刺激にもなりましたし、私自身も芝居で成長できたなと実感できるシーンもありました。沙羅役の私が川沿いで泣くシーンがあったのですが、この映画の前に出演した作品では、カメラの前で泣くシーンがうまくできなかったんです。もう芝居は向いてないんじゃないかっていうぐらいに落ち込みました。でも、今回の泣くシーンはうまく演じることができたので、少しは成長できたかなって思っていて、そこはすごく印象深かったです。

―ほぼ同年代の役者さんたちと共演してみて、どんな印象でしたか。

蓮役の中川翼さんは私よりも年下ですがすごく落ち着いていて、あんなに落ち着いている男の子っているんだなと思いました。幼いころから役者をやられているということもあるんでしょうけど、貫禄があるというか安定感がありました。姿勢や歩き方で、そういう役を演じているんだっていうのがわかるんですよね。莉久役の茅島みずきさんはもうスタイルが異次元（笑）。スラッとしていて背も高いし顔も小さいし、今回のミステリアスな役も彼女にピッタリでした。でも、しゃべるとちゃんと女子高生だなって思うところもありました。美宇役の坂巻有紗さんは私のひとつ年上なんですけど、初めて会ったときに「この人と仲良くなりたい」と思って、「よかったら仲良くしてください」ってお願いしました。今までそんなこと言ったことなかったんですけど（笑）。親しみのある方で、ロケ中もいちばん仲良くさせていただきました。今でもプライベートで連絡を取り合ったり、会ったりしています。

―速瀬さんから見て沙羅さんはどんな人物でしたか。また、演じるうえで心がけていたことや気をつけていたことがあれば教えてください。

沙羅は簡単に言ってしまえば明るく元気で、自分の気持ちに素直でまっすぐな女の子なんですけど、繊細な部分もあったりして、本当に等身大の女の子なんですよね。だからこそ空回りしちゃったりするところもありますが、そういうところも含めて愛おしくて好きだなと思います。憎めない愛されキャラにするにはどう演じればいいのかを考えていましたし、撮影現場でもいつも明るくしていようと心がけていました。

―莉久が沙羅、美宇、蓮をスパイスに例えるシーンがありましたが、速瀬さんご自身をスパイスに例えるとどんなスパイスですか。

そうですね……。映画では華やかな女の子でクミンみたいって表現がありましたけど、まとめるというか引っ張っていくという意味で、蓮に例えられていたターメリックかなとも思います。

―今回のロケ地である石川県はいかがでしたか。

石川県は初めてでした。金沢駅に降りたときは都会だなと思いましたし、バスに乗って少し中心街から離れると、昔ながらの街並みや建物が残っていて風情がありました。撮影は主に秋だったんですけど、追加の撮影のときは春で、ちょうど桜が満開ですごくきれいで、四季折々楽しめる街だなって思いました。休日には坂巻さんと観光に行ったりごはんを食べに行ったり、しっかり金沢を楽しみました（笑）。

―コロナ禍での撮影だったと思いますが、気をつけていたことなどありますか。

マスクやフェイスシールをしていないといけなかったので、女子としてはメイクが崩れるかなって（笑）。それはともかく、映画ってたくさんの人が関わって成り立つので、コロナ禍でどうやって撮影を進行していくか大変だったと思いますし、私なりに協力していくことができればと思っていました。

―謎のウイルスがまん延しているという設定は、現実の世界と通ずるものがあるかと思います。情報が錯綜してどれが正しい情報なのかもわからない不安な状況下でしたが今作品を通して、ご自身で思うことや考えることはありますか。

私が高校3年生で卒業直後ぐらいからコロナがひどくなってきたんです。今回高校生の役をいただいて、もし自分が高校生のときにコロナがまん延していたらと考え

ると、苦しくてつらい期間だと思います。それに情報社会になっているからこそ、ちゃんとその情報の中から取捨選択をしていかないといけないですよね。沙羅も間違った情報のせいで、SNSで批判されちゃったりする役でしたけど。

―映画を楽しみにしている方へメッセージをお願いします。

ぜひカレーとセットで楽しんでもらいたいです。食べる前に観るか食べた後に観るか、そこはおまかせしますが、私自身も改めてカレーの持つ魅力を知ることにもなりました。石川県に住んでいる方は新しい石川県の魅力を知ることができると思いますし、県外の方も石川県に行ってみたくなる映画です。ひとりでも多くの方にこの映画が届くといいなと思っていますので、ぜひ映画を観てください。よろしくお願いします。

立花 美宇役

坂巻 有紗

みんなで「カレー食べようぜ」「みんなで金沢行こうぜ」っていう、カレーをもっと好きになる、そんな映画です。

Cast Interview 04

Profile

さかまき・ありさ◎埼玉県出身。映画『GONZA』(2023年)、映画『夜を走る』(2022年)に出演、映画『魔女』(2020年)ではW主演を務める。広告『GMO「とくとくBB光」』WEBイメージキャラクター(2023年)出演。公式ツイッター(@alisa2525_10923)、公式インスタグラム(@sakamaki.alisa)配信中。

―『スパイスより愛を込めて。』のお話をいただいたときや、撮影を終えての今の感想などあればお願いします。

私が演じた美宇は空手部の部長という役柄で、私自身は空手の経験はなかったのですが、学生時代にはソフトボールと砲丸投げをしていましたし、運動全般が好きなので、この話をいただいたときはうれしかったです。強い女の子に憧れがありましたし、強い女の子を演じられる喜びもあったので、美宇を完璧に演じきろうという気持ちが強くて、撮影にあたって空手道場に通って師範からご指導をいただきました。絶対にいい動きをしようと撮影に臨んで、映画の中では短いシーンでしたけど、瀬木監督から空手の型について誉めていただいて、その言葉を聞いたときに、頑張ってよかったなと安心しました。それと、映画に向けて髪をバッサリ切ってショートにしました。

―髪を切ることに抵抗はなかったですか。

学生時代にショートにしていたこともありましたし、躊躇することなく切りました。

―坂巻さんから見て、美宇はどのような人物でしたか。

美宇はとても頑張りやさんで、家族や友人のために動いて助ける、かっこいいヒーローだなと思いました。ファッションには興味なくて、年中ジャージか空手Tシャツでしたが、その無頓着さが私にも似ているようなところもあって、私自身大好きなキャラクターでした。あともうひとつ、美宇は莉久と沙羅の先輩なので、この2人を遠くから見守る距離感をけっこう意識していました。沙羅が泣きじゃくるシーンとか、莉久が大人に歯向かうシーンとか、少し遠くから見守りつつ、いざというときに助けるというスタンスです。

―ほぼ同年代の役者さんたちと共演して、みなさんについてどんな印象でしたか。

同年代の方たちと演技するのはすごく刺激になりました。蓮役の中川翼くんは私よりも年下なんですけど、キャリアもあるし貫禄もあって、演技や現場での立ち居振る舞いすべてが勉強になりました。莉久役の茅島みずきさんはミステリアスな雰囲気が莉久に似ていて、みずきさんだからこそ演じられたんだろうなって思います。沙羅役の速瀬愛ちゃんについては、すごく大好き(笑)。初めてお会いしたときからすぐ意気投合しました。役と同じく天真爛漫でやさしくて、現場ではすごく助けられました。

―莉久が沙羅、美宇、蓮をスパイスに例えるシーンがありましたが、坂巻さんご自身をスパイスに例えるとどんなスパイスですか。

やっぱり美宇を演じていた私自身が美宇を好きなんで、役と同じコリアンダーかな。さわやかで力強くて、そんな風になりたい

という願望も含めて。私の父は仕事でインドに何度か行っていて、スパイスをおみやげに買ってきてくれたこともあります。私もスパイスを使ってカレー、インド料理作りにいつか挑戦してみたいです。

―いつかインドにも。

そうですね。父がインド行くときに連れて行ってもらいます（笑）。あ、母の弟がアメリカに住んでいるんですけど、ゴーゴーカレーが大好きなんです。ゴーゴーカレーはアメリカにもあるから、アメリカで知ったみたいです。

―坂巻さんファミリーはワールドワイドですね。

私はクォーターなんです。ビジネス英語みたいなのになるとちょっと難しいけど、日常会話ぐらいなら英語を話せるから、いろんな国に行ってみたいです。

―日本の話に戻りますが、今回のロケ地である石川県はいかがでしたか。

撮影の前に、一度だけ金沢を旅行したことがありました。そのときにすごくいい街だなと思っていたので、こうして仕事で来ることができてすごくうれしかったです。今回いいなと思ったのが、ごはん。ロケのときの食事はご当地弁当みたいな、地元のお店のお弁当が多かったのですが、どれもおいしくて、

特にオムライスみたいな金沢のご当地グルメのハントンライスがおいしかったです。休日には愛ちゃんと金沢カレーを食べに行ったり、ほかにもいろいろごはんを食べに行ったりお茶しに行きました。

―謎のウイルスがまん延しているという設定は、現実の世界と通ずるものがあるかと思います。情報が錯綜してどれが正しい情報なのかもわからない不安な状況下でしたが今作品を通して、ご自身で思うことや考えることはありますか。

私の場合、大学1年のときはまだ大丈夫だったんですけど、2年になってリモートになりました。2年になったら長期で海外旅行したかったんですが、それもできずにつらかったです。学園祭もできなかったし、それこそ映画の中でカレーを大鍋で作ってみんなでワイワイやって、実生活でできなかった分、映画の中で学園祭ができたのはうれしかったです。大学は今春に卒業できたんですけど、やっぱり大学生活を存分にできなかったっていうのはあります。今の時間を奪われるという経験、悔しさ、もどかしさ、これは映画でも描かれていて、みなさん共感できるはずです。同じ思いをしたみんなが頑張ってウイルスに向かっていくというのは、ラブ&ピース、世界平和を象徴していますよね。なんか大きな話になりましたけど（笑）。

―映画を楽しみにしている方へメッセージをお願いします。

カレーはもうみんなのアイドルですよね。国民食ですから。そのありがたみを知る映画だと思うし、カレーをもっと好きになる、そんな映画だと思います。みんなでカレー食べようぜっていう映画だし、みんなで金沢行こうぜっていう映画でもあると思います。ぜひ観てほしいですね。よろしくお願いします。

端目真司役

福山翔大

サスペンス要素もある青春ムービーですが、そこにカレーも絡んでくる異色の作品 カレーが食べたくなること間違いないです。

Cast Interview 05

Profile

ふくやま・しょうだい◎福岡県出身。ショートムービー『あいせき列車只見線～小出で恋して会津を愛して～』（2023年）で主演を務める。映画『ALIVEHOON アライブフーン』(2022年)、映画『砕け散るところを見せてあげる』(2021年)、映画『ブレイブ-群青戦記-』(2021年)、映画『花束みたいな恋をした』(2021年)などに出演。その他、ドラマなどでも活躍中。

―今作のお話をいただいたときや、撮影を終えての感想をお願いします。

この映画の撮影は2021年の10月に行なっていたので、約1年半が経ってようやくみなさんにお届けできることを率直にうれしく思っています。瀬木監督とは以前に『アライブフーン』という映画でご一緒させていただきました。その映画で瀬木監督はプロデューサーという形で入られていたのですが、今回は監督と役者。瀬木監督の細かい演出であったりニュアンスであったり、ワンシーンに対する切り取り方なども意図がはっきりしているので、とても心強く、またご一緒できてうれしかったです。

―福山さんご自身から見て、演じた端目真司とはどんな人物でしたか。また、演じるうえで心がけていたことや気をつけていたことなどあれば教えてください。

この映画のなかで、真司がいちばん心情的に大きな変化を得た人物だと思っています。物語を加速させる場面もあるので、全体を通しても真司の存在感が残るようにひとつひとつを丁寧に演じました。また、兄妹の物語という側面もあるので、妹の莉久役を演じた茅島みずきさんと、ちゃんと兄妹に見えるように意識していました。

―劇中では莉久が友人たちをスパイスに例えるシーンがありましたが、福山さんご自身をスパイスに例えるとすると何だと思いますか。

ブラックペッパーが近いのかなと思います。映画に出演するにあたって、僕なりにカレーやスパイスについて調べたのですが、ブラックペッパーの花言葉が「熱狂」とか「熱中」という意味があり、僕は一度ハマるととことんハマってしまうのでリンクしているなと思いました。

―ハマるといえば、福山さんはドラマの『ユー・メイ・ドリーム』では主役の鮎川誠さんを演じましたが、すごく役にハマっていたと思います。ギターはそのときから始めたようですが。

そうですね。鮎川誠さんが在籍していたサンハウス、シーナ&ロケットの数曲を練習して。それからギターにハマったりしています。僕は福岡出身なので、同郷で偉大なロックスターの鮎川誠さんを演じることができたのは、すごく光栄でした。

―役者デビュー前にかなり映画も観られていたんですよね。

はい、洋邦年代問わずいろいろ観たことが確実に今の仕事をするうえでの財産にもなっています。特にショーン・ペン監督の『イントゥ・ザ・ワイルド』という映画は、主人公のエミール・ハーシュがアラスカに向かうロードムービーでアカデミー賞も獲った作品で、すごく影響を受けました。僕が10代のときに観ることができてよかったと思っています。

―コロナ禍での撮影は大変だったと思いますが、撮影に臨むにあたって心がけていたことはありますか。

演者だけでなく、映画に関わるすべての人たちがどうしたものかと頭を悩ませていた期間ですよね。ソーシャルディスタンスをとるなど気をつけながらの撮影でしたが、映画をつくることができる喜びが現場にありました。僕自身も、改めて役者という仕事ができる喜びがありました。

―今回のロケ地、石川県についてはいかがでしたか。

石川県には初めて行ったのですが、ごはんがおいしかったのが印象に残っています。特にカニやブリとか海鮮系が何を食べてもおいしくて。細かくいえば富山県の名産ですけど、白エビを金沢で初めて食べて、すごくおいしかったですね。あと、僕はパワースポット巡りが好きなんですが、金沢には白山比咩神社というすごく有名なパワースポットがあって、撮影がない日はそこに行くこともありました。金沢の街並みもすごくよくて、コロナで制約されている中ではありましたが、自然豊かなロケ地に癒やされたところもあり

ます。

― 謎のウイルスがまん延するという設定は、現実の世界と通じるものがあります。情報が錯綜してどれが正しい情報なのかもわからない不安な状況でした。この映画に出演してみて、ご自身で思うことや考えることはありますか。

今は世の中に情報があふれていますが、コロナ禍では情報がありすぎるが故に情報が錯綜していることもありました。結局、どこまでいっても最後は何を信じるか何を選択するか、自分自身で決めていかないといけないという不変的なところがあると思います。この映画でも描かれていますけど、真司は妹の言葉、家族の言葉を信じて行動に移すわけですから。それは改めて感じたところでもあります。

― 最後に映画を楽しみにしている方へ、メッセージをお願いします。

この映画はサスペンス要素もある青春ムービーですが、そこにカレーも絡んでくる異色の作品です。映画を観た後は、カレーが食べたくなること間違いないです。撮影現場も常にカレーの匂いに包まれていて、本当にカレーが食べたくなりましたから（笑）。ぜひ映画館とカレー屋さんのセットで行ってもらいたいですね。誰かと一緒だったら「この映画のあそこのシーンがよかった」とかそういったことを語りあってほしいし、ひとりで観に行ったのであれば、じっくり映画の内容を思い返していただければうれしいです。僕は映画を観終わった後、誰かに感想を伝えたくなるんですよね。僕と同じような人は是非映画とカレーを合わせて楽しんでいただければと思いますので、よろしくお願いします。

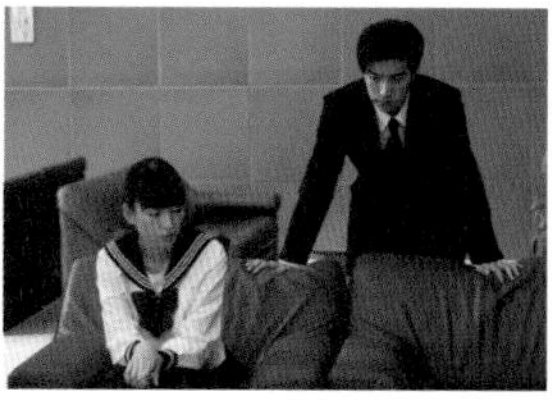

蓮の父・直哉役

田中 直樹

不安でつらい時期に
エンタメの力に救われました。
そんな作品になってほしいです。

Cast Interview 06

Profile

たなか・なおき◎お笑いコンビ芸人「ココリコ」としてさまざまなバラエティ番組で活躍。MCやパーソナリティーとしても注目を集めるほか、俳優としてドラマや映画でも活躍中。映画『みんなのいえ』(2001年公開)出演では「第25回日本アカデミー賞」で新人俳優賞を受賞。近年では映画『牛首村』(2022年公開)に出演。また、海洋生物好きと知られており、MSCアンバサダーに就任。

―今回、出演を決められた理由は?

ざっくりと「カレーをテーマにしていて、カレーが世界を救う映画です」みたいな説明を受けたのですが、一体どんな作品になるのかなと興味をそそられて、すぐに参加を決めました。僕、カレーが好きなので、好きな食べ物をテーマにした作品というだけでテンションが上がりました! それに、お話をいただいたのが、コロナ禍が始まってすぐの不安だらけの時期だったので、未知のウイルスがまん延しているという現実世界を反映させた状況をエンターテインメントとして昇華させていることがおもしろいし、意義のあることだと感じました。

―当時、田中さんも不安はありましたか?

あのころ、全ての仕事がストップしたことはありませんでしたが、大きな仕事がなくなることはあって、しばらく家で過ごす時期もありました。その状況は不安だった反面、不安ばかりを考えても何も解消しないし前に進めなかったので、家で映画やサブスクリプション動画、テレビなどを観て心を救ってもらいました。そのことを通じて僕自身、エンタメの力というものを改めて感じたので、この作品も皆さんにとってそういうものになればいいなと思っています。

―今回の役は、主人公・蓮の父親役でした。演じる上で意識されたことは?

監督さんからは「お父さんが出てくるシーンは、ストーリー全体のクッションのように、ゆるくほのぼのできたり、少し笑いが作れたりしたらいい」と言われていたので、なんか本当に能天気で、場を楽しくできる、いい意味で抜けているお父さんを演じたいと思って臨みました。それと監督さんがとてもやさしい印象で、蓮のお父さんと重なるような方だったので、監督のような雰囲気を目指せばいいんだなと思ってやっていました(笑)。試写会のときも、改めて監督に「クッションのようなシーンになったと思います」と言っていただけて、ホッとしました。

―普段の父親としての田中さんは、役の感じに近いですか?

近いと思います、たぶん。我が家には大学生と中学生になる子どもがいて、子どもの年齢と共につき合い方が変わる部分もあるのですが、どちらも男の子というのもあって、基本的には本人に任せています。ちょっと遠くから見守っているような、そういう距離感的なものは近いのかな。親という意識はそんなに持たないようにしています。自分たちのころの価値観と、子どもたちの価値観は違うので、押しつけないように気をつけながら接しています。

―現場の雰囲気はいかがでしたか。

子どもたちみんなが明るく、楽しくシーンを作っていたので、作品の雰囲気のままだったと思います。撮影の合間も同じでしたね。僕はやっぱり、みんなの楽しそうな様子を微笑ましく遠くから見ていたり、たまには会話に参加させてもらったり。作中と似たような立ち位置でした。それと、奥さん役の田中美里さんは、金沢の出身でいらっしゃいますもんね。この映画は全編石川県での撮影で、僕は通いで参加させていただいたのですが、金沢の駅に着くと、田中美里さんの広告があるんです。その時点で迎え入れてもらったような気になりました（笑）。実際にとても明るい方で、やりやすい空気をたくさん作ってくださって。蓮役だった中川くんも、すてきないい子でした。物腰が柔らかい、やさしい子だなって。真面目で繊細さもあって、役と重なるところが多い印象でした。

― 石川県の印象は？

今回は残念ながら石川県を見て回る時間がなかったのですが、僕、のとじま水族館が好きでして。コロナ前は、毎年お仕事でも行かせていただいていました。ジンベイザメがいたり、色々なイベントを開催していたりと面白いところなんです。だからもともと石川県には愛着がありますし、石川県でのロケって聞いたときは、うれしかったです。

― 撮影時、カレーは食べられましたか？

映画の中で食べているゴーゴーカレーとは別に、たくさんゴーゴーカレーをいただいて、改めておいしいなと思いました。じつは昔、テレビ番組の企画で色々なお店の大盛りカレーを食べ歩くロケがあったのですが、最後に出てきたゴーゴーカレーは、お腹いっぱいで数口でギブアップしてしまったんです。ゴーゴーカレーの社長もそのことを覚えていて、今作の撮影現場でもその話をされました（笑）。今回しっかりと味わうことができてよかったです。

―田中さんをカレーの具に例えると？

具ですか……。好きなのは玉ねぎですね。家でカレーをよく作るのですが、細かくみじん切りにしてキーマカレーに入れたりします。あ、でも、僕って刺激があるとか主役だとかいうよりも、全体のバランスを取るような役割が好きですし、自分には合っている気がするんです。そう考えると、やっぱり玉ねぎなんですかね。

―まさに！ 甘味があって、コクが出て、全体のクッションになって。ぴったりです。

そうなれたらうれしいですねぇ。

―最後にみなさんへ一言お願いします。

今回の作品は、コロナの時期だからこそ作れたものです。コロナ禍は本当に大変だったし、辛い思いをされた方もたくさんいると思いますが、そのことをエンタメに変えることで救われる方もいらっしゃると信じています。ぜひ、これを観て少しでも楽しい気持ちになってもらえたら。それにコロナ禍に限らず大変なことってこれから先もいっぱいあると思います。そういうときでも、劇中の子どもたちのように、楽しいことや前へ進んでいく気持ちを見つけていく大切さみたいなものを、この作品を通してお伝えできたらうれしいです。自分自身も、そうありたいなと思います。

山本 香織役

田中 美里

この映画を観てカレーを食べて、明日からもまた頑張ろうって思ってもらえたらうれしいです。

Cast Interview 07

Profile

たなか・みさと◎石川県出身。1997年、NHK連続テレビ小説「あぐり」のヒロインに抜擢されデビュー。その後、ドラマ、映画、舞台など数多くに出演。また韓流ドラマ「冬のソナタ」でチェ・ジウ演じるヒロインの吹き替えを務めたほか、柔らかく印象的な声を生かしてナレーターやラジオのパーソナリティーとしても活躍している。

―田中さんは石川県金沢市ご出身ということで、今回のお話をいただいたときや撮影を終えての今の感想をお願いします。

やはり石川県が大好きなので、今回自分の故郷に帰って撮影できることはすごくうれしかったです。残念ながら私は家の中での撮影だけだったのですが、映画はオール石川県ロケなので、金沢の街中とか犀川（さいがわ）とかいろいろな場所で撮られていて、試写を観たときに「あっ、友だちとよく歩いていた場所だな」など、懐かしさもありました。

―学生のころを思い出されたんですね。

まだ学生で、お金がなくてウインドーショッピングをしていたことなど、風景ごとに思い出がある感じでした。息子役の蓮が歩いているシーンだけでもキュンとしちゃうというか、学生時代にタイムスリップしたような気持ちになりました。

―金沢の街というと、新しいものと古いものが混ざり合ったイメージもありますが、田中さんが学生時代に親しんでいたものも多く残っていましたか。

私の学生時代にはなかった21世紀美術館など、新しく楽しめる場所も増えましたが、変わらず慣れ親しんだところもまだまだ残っているので、それらが映画の中にも出てきていて懐かしかったですね。

―金沢カレーは食べていましたか。

はい、食べていました。あのシルバーのお皿に盛られたドロッとした濃厚なカレーは食欲をそそりますよね。私も大好きでカツののった金沢カレー、ボリューム満点ですが、ペロリと食べていました。

―今回、母役ということですが、息子の蓮を演じた中川翼さんはいかがでしたか。

中川さんは今回の役柄としてお芝居をされていたというのはもちろんあるでしょうけど、中性的な部分を感じられる柔らかい雰囲気を持ちつつ、でも芯が通っているような感じでした。「はじめまして」とお会いして、すぐに親子役だったんですけど、違和感なく演じることができたと思います。また、夫役のココリコの田中直樹さんがユーモアを持って接してくれたので、みんなが笑っていられるような暖かい家族だということを伝えることができたんじゃないかと思います。「W田中」でいい夫婦役を演じることができました（笑）。

―母役を演じるうえで意識されていたことはありますか。

私はデビュー作のNHKの朝の連続テレビ小説『あぐり』で主演させてもらったときはまだ20歳でしたが、そのときから子供がいる母親役を演じていました。共演していた私より3歳ぐらい年上の山田純大さんからも、役の上で「お母さん」と呼ばれていましたから（笑）。

女優さんが年齢とともに母役を演じるのに戸惑うと聞くこともありますが、私は最初からそうだったこともあり、あまり違和感なく自然と母親役を演じることができました。年齢を重ねることによって、女優をすることの楽しみが増えてきたところもあります。

―役の中で実際に田中さんがカレーを作るシーンもありましたが、どんな雰囲気でしたか。

カレーって、市販のカレールウで作るだけでも、不思議とそれぞれ家庭の味がありますよね。それは隠し味でコーヒーを入れるなど、ちょっとしたことかもしれませんが、お母さんの愛が詰まっているんじゃないかと思っています。それが味に出るんですよね。私の母が作ってくれていたカレーも特別なことをしていたわけではないと思いますが、小さいころ、学校から帰って玄関を開けてカレーの匂いがしていると幸せな気持ちになっていたのを思い出しました。撮影中は、フードコーディネーターの方が作る全ての料理がおいしくて。撮影現場となった家は、おしゃれでキッチンがとても素敵な一棟貸しの宿泊施設みたいなところで、グツグツと煮込んでいるカレーの匂いに現場が包まれて、それだけで幸せな気持ちになりました。カレーって特別な食べ物だなと改めて思いました。映画には金沢カレーや家のカレーだけでなく、スパイスカレーも出てくるし、莉久の部屋にはレトルトカレーがズラッと並んでいたりしていて、あれは壮観で包まれたいと思いました（笑）。

―田中さんから見ての金沢の見どころなどもあればお願いします。

お勧めするとしたら、最近初めて行った石川県立図書館です。敷地内がすごく広くて本の数も多いし、並べ方もすごくよくて、本好きの私にとって一日中いられるところです。地元の方も観光の方も、ぜひ行ってみてください。

―ココリコの田中さんが、金沢駅に降りたら田中美里さんがいるとおっしゃっていました。

私は20代の頃から現在まで北國新聞のコマーシャルにずっと出演させていただいていて、金沢駅に降り立つと北國新聞の広告の私と出会えます。私の知り合いが金沢に行くと観光スポットのように「美里がいたよー」って写真を撮って送ってくれるんですよ。ぜひ私に会いに金沢にいらしてください（笑）。

― 映画を楽しみにしている方へメッセージをお願いします。

今は少しずつですがコロナも落ち着いてきています。ウイルスがまん延している世界観の今作について、年月が経って、あのころは大変だったね、そんなこともあったねって言えるような映画になってくれたらなと思います。カレーってすごいパワーがありますよね。この映画を観てカレーを食べて、あしたからもまた頑張ろうって思ってもらえたらうれしいです。

Special Interview 01

世界中の人たちがカレーを食べて元気になって幸せになってほしい

『ゴーゴーカレーグループ』取締役会長

宮森 宏和

HIROKAZU MIYAMORI

―今回、映画『スパイスより愛を込めて。』に関わることになった経緯を教えてください。

いつかカレーの映画があればいいなと、漠然とですが思っていたんです。そんなときに瀬木直貴監督との出会いがありました。それによって製作のほうに関われて、今回夢が叶ったような感じです。

―映画のロケ地は代表の出身地でもある縁深い石川県ですよね。

瀬木監督のほうから「石川県で撮りましょう」と言ってくださいました。金沢という街が「金沢カレー」によって、カレーの街としても見られるようになったんだと思います。ぼくがゴーゴーカレーを始めたきっかけは、元プロ野球選手の松井秀喜さんがニューヨーク・ヤンキースで活躍していたことがきっかけです。同じ石川県出身の松井さんの活躍に魅せられて、いつか自分もニューヨークに行こうと。じゃあどうやってニューヨークに行けるかと考えた結果が、カレー屋だったんです。もともとぼくが金沢にある『ターバン』というカレー店で働いていたこともありますけど。

―まず東京で2004年にゴーゴーカレーをオープンされましたが、そのとき東京ではまだ金沢カレーの認知度は低かったと思います。勝算はあったんでしょうか。

東京で金沢カレーの認知度はまだ低かったわけですけど、そもそも東京にお店を出したいというよりもニューヨークにお店を出したかったわけで、それができる前提でしか考えていませんでした。ニューヨークにお店を出すまでに5年ぐらいかかるかなと思ったけど、3年で出せたのは予定より早くて良かったです。

―今回映画の製作に関わって、実際に映画を観てのご感想など教えてください。

ストーリーについて、ぼくはノータッチだったので完成するまで何も知らなかったんです。まず、この映画を観るとカレーが食べたくなりますね（笑）。人が人を喜ばせたい、そういったときに振り向かせるための料理といえば、カレーは最適な料理のひとつだと思います。実際映画でもそれが表現されています。お母さんが子どもに作るカレーって愛情ですよね。子どもに喜んでほしいから作るわけで、学生たちが学園祭でカレーを作るのもみんなを喜ばせたいからなんです。観てカレーが食べたくなる映画だったし、映画の中の物語ですが、いまの高校生がカレーを作ると、こういうカレーになるんだなとか、新しい発見もありました。また、金沢は自分が生まれ育ち30年いた場所だけど、街の風景などが懐かしさだけでなく、こういう場所もあったのかと、これもまた新しい発見がありました。石川県出身者、地元の人達とは違う目線で、瀬木監督が石川県の良さを撮ってくれたと思います。

―映画を通してどんなメッセージを伝えたいですか。

日本国内はもちろんのこと世界中の人たち、老若男女、お年寄りからZ世代まで、この映画を観てほしいし、カレーに対してもっと興味を持ってくれたらなと思います。ゴーゴーカレーグループは「世界に元気を届ける」っていうことがミッションなので、ただカレーを作っているだけではなくて、元気を注入しています。ちょっと前までは自社がカレーの世界一を目指そうと思ったりしたこともありましたが、いまはもう考え方も変わって、カレーに関わっている人はみんなカレー仲間として、みんなで盛り上がることができればと思っています。それは結局のところカレールウだけでなく、たとえばゴーゴーカレーの要素だけでも、ごはんがあってキャベツがあってカツがあって、他にもありますがそれぞれ生産者さんがいるわけです。カレーライス一皿に関わるすべての人たちが発展して元気になればいいと思いますし、世界中の人たちがカレーを食べて元気になって幸せになって、世界平和に貢献することができればと思っています。映画のタイトル通り『スパイスより愛を込めて。』ですね。みなさんも映画を観てカレーを食べてくれたらうれしいです。よろしくお願いします。

Profile　みやもり・ひろかず◎「ゴーゴーカレー」創業者。1973年 石川県金沢市で農家の長男として生まれる。同郷同世代の松井秀喜選手が、ニューヨークのヤンキースタジアム開幕戦で打った満塁ホームランに感銘を受け、脱サラを決意し裸一貫で上京。新宿1号店オープンを皮切りに日本全国にチェーン店を広げ、金沢カレーブームを巻き起こす。「金沢カレー協会」「日本カレー協議会」発足。

Special Interview 02

金沢カレーは地元のみなさんに支持されている愛すべきカレー

アパ社長カレー プロデューサー

元谷 拓

TAKU MOTOYA

―アパ社長カレーを作ることになったきっかけを教えてください。

弊社はホテル、不動産の会社ですが、アパホテル全国の直営レストランのカレーの味を統一したいと思ったことから私がプロデューサーとして企画をしました。2011年にアパ社長カレーを販売し始めたので、もう12年になります。アパ社長カレーの販売を始めてすぐに東日本大震災が発生しました。だから販売するよりも寄付からのスタートというか、被災地支援から始まったような感じでした。

―当初はホテルのレストラン用として。

そこからレトルトカレーとして、アマゾンや郵便局でも販売を始めて、現在では串カツ田中など、外食チェーン店とコラボしたりもして、累計1000万食達成しました。

私は石川県小松市の生まれで両親共働きであったこともあり、幼少のころからカレーというとテイクアウトをしてきた金沢カレーでした。今でも金沢カレーは地元のみなさんに支持されている愛すべきカレーであり、私も金沢カレーで育ってきました。私が東京に出てきたとき、金沢カレーがほとんど東京になかったところをゴーゴーカレーが広めていってくれたんですよね。弊社が発刊している月刊誌『アップルタウン』にゴーゴーカレーの宮森宏和会長を取材したことがありました。同じ石川県出身ということもあり意気投合して、私にもカレー熱がついたこととアパホテルのカレーの味を統一しようというところが合わさって、構想から3か月でアパ社長カレーが誕生しました。

―3か月は早いですね。

現会長、元谷外志雄にレトルトカレーの企画を提案したら、味は一発OKでしたが、商品名は当初「アパホテルの本格派ビーフカレー」だったので、「これは全然おもしろくない、普通すぎる」とダメ出しをされて「アパ社長カレー」になりました。パッケージの表面に社長がいますが自分の母親を持ってくることに抵抗がなかったわけではありません。みなさんから見ればアパホテルといえば社長のイメージは強いですからね。販売価格は税込390円とお手ごろです。味と強いネーミングとインパクト、この3つを大事にしてアパ社長カレーが完成しました。

―今回、映画『スパイスより愛を込めて。』に関わることになった経緯を教えてください。

ゴーゴーカレーの宮森会長がこの映画に関わっているのですが、瀬木監督を紹介されて、スポンサーをやってくれないかという話になりました。スポンサーのようなことはあまりやったことがなかったのでどうしようかと思っていましたが、いろいろと話しているうちにやることになりました。

―実際に映画をご覧になってみて、どのようなご感想でしょうか。

最初は金沢カレーの人気の理由を紹介するような映画かと思っていたら、このご時世にフィットしているような映画で、いい意味で私のイメージを覆してくれました。若い役者さんが真剣に演じているのを観て、青春だなと感動しました。笑いあり涙ありの映画ですね。それと石川県出身の私にとってはやはり地元の街並、犀川、白山連峰などが映画に出てきてうれしいなという郷土愛もありました。ご当地グルメって、香川県のうどん、福岡県の博多ラーメンなどいろいろありますが、石川県の金沢カレーもご当地グルメとして成立しているなと思いました。

―映画を通してどんなメッセージを伝えたいですか。

人の心を動かす(move)のは映画(movie)だと思うので、ぜひこの映画を観ていただいて、心を動かされてほしいですね。そして石川県にも足を運んでほしいです。アパホテルも石川県だけでも10棟ありますから。金沢カレーを食べ歩いて、ロケ地巡りをして、弊社も今回スポンサーとして協力させていただいたので、ぜひアパホテルに泊まってみてください。そして映画を観て観光をして、元気になってもらいたいですね。よろしくお願いします。

Profile
もとや・たく◎石川県小松市生まれ。アパグループ専務アパホテル株式会社代表取締役専務。現役プロ野球選手やタレントのトークショー、真心笑顔美人No.1決定戦、累計1000万食達成したアパ社長カレーをプロデュース。ビジネスマッチングやコラボレーション、企画提案、業務改善、セミナー等のプロデューサーとして各種団体、会合、大学、高校等で講演などマルチに活躍。著書『アパ社長カレーの野望』(発刊/青春出版社)『人生に奇跡を起こす わらしべ長者の魔法』(発行/東京ニュース通信社 発売/講談社)

思い出のカレー。

カレーという食べ物は、不思議なもので日常に溶け込んでいるような気がします。
家庭の味から専門店、高級ホテルの味まで、日本中に数知れないカレーが存在しています。
そして、そこには同じ数だけカレーにまつわる思い出があるのでは……。
みなさんが思い出すカレーは、どんなカレーですか?

この映画をやることになって初めて金沢カレーの存在を知って、食べてみたらカレーもドロッとしていてキャベツも付いていて、家で食べるカレーとは違っていて、まず見た目にインパクトありました。食べてみたらおいしくて、東京に戻ってからも自分で作ったカレーにキャベツを千切りにしてトッピングしたりしています。カレーにキャベツが合うというのは新しい発見でした。

中川 翼

茅島 みずき

私の家のカレーは、甘口と辛口の2種類が作られます! 私は辛い食べ物が苦手なので、私と他の家族用で分けて作ってくれます。特に変わった食材が入っているという訳ではないのですが、うちのカレーは福神漬けをたっくさん入れます! ゴルフの練習終わりに食べるカレーが大好きで、明日も頑張ろうと思えるぐらいおいしかったです(笑)。

小学5年生のころ、母の友だちの子と一緒に家で仲良くお留守番をしていたとき、母が帰ってくる前にサプライズで晩ごはんを2人で何か作ろうって話をして、カレーを作ったことがありました。正直、そのカレーがおいしかったかといえばそうではなかったと思いますが、両親がすごく喜んで食べてくれました。それがうれしくて、いまでもすごく覚えていて、カレーは思い出に残る料理のひとつです。

速瀬 愛

坂巻 有紗

坂巻家では、母だけでなく父もカレーを作ります。父は仕事でインドによく行ったりして、本場のカレーを食べていることも関係があるのか、スパイスを駆使したカレーがすごくおいしくて、みなさんにも食べてみてほしいくらいです（笑）。だから、小さいころから今夜は父のカレーだとわかると、その日はずっとルンルン気分でした。私もカレー作りにいつか挑戦してみたいです。

福山 翔大

母がカレーを、よく金曜日の夜に作ってくれていたんです。そういうこともあって、子どもながらにカレーを食べたら、明日から土・日曜日と二連休だとウキウキさせてくれました。僕はカレーにそんなに辛さを求めてはいなくて、自分で作るときもハチミツを入れたりして、つい甘口にしています。カレーは、今でも食べているとなんかウキウキさせてくれますね。大好きな食べ物です。

田中 直樹

僕がカレーと聞いて思い浮かべるのは、我が家のカレーです。外で食べるというより家で作ることのほうが多いですね。食材が余ったら「カレーにしよう！」みたいな感じで、なんでも切って入れちゃいます。僕なりのフードロス対策というか。子どもたちもよく食べてくれます。家でお鍋をしたあとに、締めをカレーにすることも多いです。キムチ鍋のあとに市販のルーを入れて作ると最高です！

田中 美里

私の高校生のころからの友人がご夫婦で都内でカレー屋を始めて、そのカレーがすごくおいしくて……。その時々でキーマカレーだったりバターチキンだったりグリーンカレーだったり、不定期に開店するのでタイミングよく食べられるとすごくラッキーでうれしくなります。10代からの友人の真剣な姿をみると私も頑張ろう！とパワーをもらいます。子どものころ、家に帰って玄関を開けてカレーの匂いがしたら心が弾みました。カレーは幸せにしてくれる食べ物です。

日本カレー協議会は

映画「スパイスより愛を込めて。」

を応援しています!

カレーは日本の国民食

映画『スパイスより愛を込めて。』監督の瀬木直貴が『日本カレー協議会』に参加。「2023年6月全国公開であり、『カレーの聖地』の石川県はカレー熱が高く、伝統工芸や海産物だけではない金沢の魅力を発信し、賑わい創出の一助にしたい」と意気込みを語り、カレーをテーマとした映画を通して地域の活性を促すことを表明しました。

日本カレー協議会

目的	**本協議会は、「日本の国民食」として愛されるカレーを世の中に広め、人と街を元気にする事を目的とする。**

活動

1. 「日本の国民食」として愛されるカレーを世の中に広め、人と街を元気にする各種イベント(カレーAWARD・カレーフェス等)の開催・支援・協力
2. 各地ご当地カレーのブランド力向上・発展のための各種普及活動
3. 会員相互の情報交換や親睦交流等の企画及び運営、文化構築に貢献する活動
4. 協議会公式サイト「カレーは日本の国民食」起ち上げ、「日本カレーMap」作成・更新・各種イベントの情報発信
5. その他、本協議会の目的達成に必要な活動

日本カレー協議会会長
一条もんこ氏
(スパイス料理研究家)

北海道札幌市
札幌スープカレー
東京都・下北沢
下北沢カレーフェスティバル
石川県金沢市
金沢カレー協会
鳥取県米子市
鬼太郎カレー
東京都・神田界隈
神田カレーグランプリ
千葉県柏市
かしわカレー図鑑
神奈川県横須賀市
よこすか海軍カレー
神奈川県横須賀市
横須賀みんなのカレー食堂
神奈川県川崎市
武蔵小杉カレーフェスティバル
長崎県佐世保市
佐世保カレー協会
パキスタン
日本パキスタンカレー協会

1

『奥芝商店』は、北海道札幌市中央区の総本店から始まり、北海道から東京、オンラインと、広く展開するスープカレー店です。毎朝、甘えびを贅沢に二千匹用いて、スープカレーを仕込んでいます。

詳しくはコチラ

札幌スープカレー

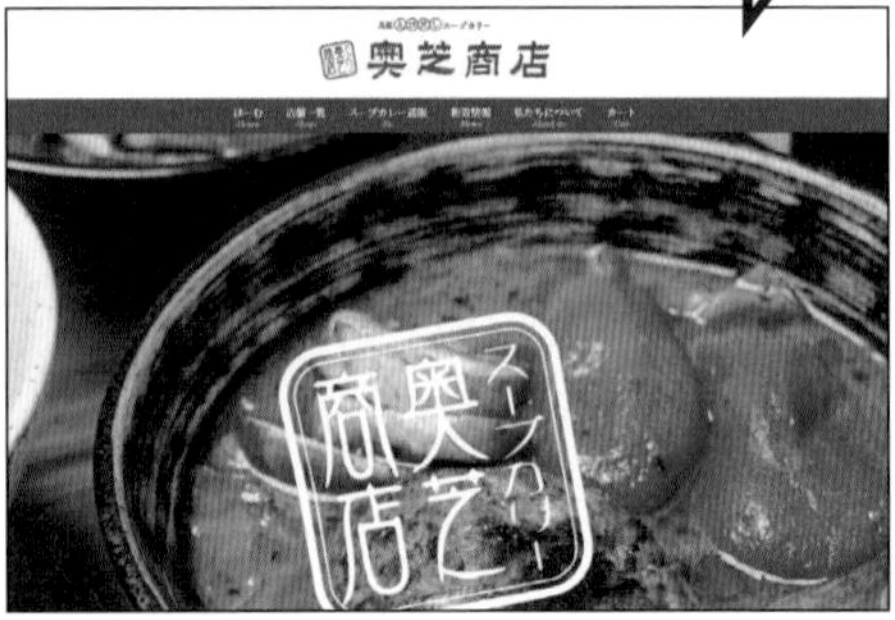

2

いまや日本全国に知れ渡る「神田カレーグランプリ」。東京・神田神保町を中心に、多種多様なカレー店が400以上集積する神田からイベントを通じて、カレーの魅力を全国に発信しています。

詳しくはコチラ

神田カレーグランプリ

3

毎年10月に開催される年に1度のカレーの祭典です。下北沢界隈のカレー店の他、飲食店や施設などが参加し、スタンプラリーや謎解きなどのアトラクションを楽しみながらカレーを堪能できます。

詳しくはコチラ

下北沢カレーフェスティバル

4

千葉県柏市は老舗の人気カレー専門店があり、さらに様々な国籍の人が住んでいることから、各国の本場グルメが楽しめる街。「かしわカレー図鑑」では、フリーペーパーを通して多種多様なカレーの魅力を紹介しています。

詳しくはコチラ

かしわカレー図鑑

5

神奈川県の武蔵小杉エリアで年に一度、秋に開催。カレー店をめぐり賞品をゲットする「スタンプラリー」と駅前に地元カレー店の屋台（テント）が並び、食べ比べやステージが楽しめる「EXPO」との2つのイベントから成っています。

詳しくはコチラ

武蔵小杉カレーフェスティバル

6

「よこすか海軍カレー」を提供する事業者が加盟。各店舗の特徴を生かした味の海軍カレーを提供しています。明治41年の「海軍割烹術参考書」に記載されているレシピをもとに現代に復元したカレーです。

詳しくはコチラ

カレーの街よこすか事業者部会

7 横須賀みんなのカレー食堂

世界初・カレー専門「こども食堂」を運営。他にも、大人の居場所として「おとな食堂」、地域の誰もが参加できる「みんなの食堂」、心がつらい人のための「話をきく食堂」も開催中。ここは誰もが無料で、おいしいカレーを食べられる場所です。

詳しくはコチラ

8 金沢カレー協会

石川県金沢市民のソウルフードで一躍全国区となった金沢カレー。そのブランド力・知名度の維持向上と発展を目的として設立。「金沢マラソン」をはじめ、各種イベントにも積極的に参加しています。

詳しくはコチラ

9 鬼太郎カレー

鳥取県の（株）きさらぎが運営する『妖怪本舗』で人気のゲゲゲの鬼太郎キャラクターのカレー。『鬼太郎の好きなビーフカリー』は昔ながらのおいしいビーフカリーです。種類も豊富で味も本格派。

詳しくはコチラ

10 佐世保カレー協会

昭和26年創業。長崎県佐世保にて、看板メニューの欧風カレーとシュークリームを中心に愛されてきた老舗レストラン『蜂の家』。欧風カレーは古くから愛される伝統の逸品で、東京では同じ味を銀座でお召し上がりいただけます。

詳しくはコチラ

11 日本パキスタンカレー協会

「本場のハラールカレーを安価に提供したい!」の下、全国チェーン展開する日本のハラールレストラン『シディーク』。本場のパキスタンカレーの魅力を日本全国に広げていくために活動しています。

詳しくはコチラ

12 日本薬科大学

公民連携による「薬膳カレー」開発にも関わった日本薬科大学。古来より薬として扱われていたスパイスが多く使われるカレーのさらなる飛躍を目指して、日本カレー協議会とも連携していきます。

詳しくはコチラ

＼ 本物の金沢カレーを継承! ／

金沢カレー協会正会員を紹介。

石川県金沢市で愛され続ける金沢カレー。その定義は次の通りです。

金沢カレー5つの定義

❶ルーは濃厚でドロッとしている。
❷付け合わせとしてキャベツの千切りがのっている。
❸ステンレスの皿に盛られている。
❹フォークまたは先割れスプーンで食べる。
❺ルーの上にカツをのせ、その上にはソースがかかっている。

金沢カレー協会正会員

ゴーゴーカレー

GO GO CURRY

国内外へも積極展開。2004年の新宿1号店開店当時、人気沸騰で取材が殺到。ある情報番組の取材で「このカレー自体の名前は?」と聞かれ、とっさに答えた「金沢カレー」という名称がその後メディアで多用された。まさに金沢カレーブームの火付け役。

店舗情報

金沢カレー協会正会員

ターバンカレー

TURBAN CURRY

昭和46年創業のターバンカレーは、古くから金沢市の繁華街に店を構え、地元金沢で親しまれているカレーライス専門店です。兼六園や金沢市役所のすぐ近くにある総本店は、毎週末になると観光客で賑わいます。2020年秋、東京・大崎に初出店。

店舗情報

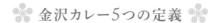

金沢カレー協会正会員

アパ社長カレー

APA PRESIDENT'S CURRY

アパホテル発祥の地、石川県の金沢カレーをベースにしたオリジナルスパイスの風味と、牛肉と野菜をじっくり煮込んで引き出した自然の甘みが魅力の本格派ビーフカレーで、レトルトは1000万食販売達成。

店舗情報

金沢カレー協会正会員

ゴールドカレー

GOLD CURRY

金沢カレーの専門店。「本当に美味しいものは手間がかかる!」を信念に、より美味しくコクのある味を求め、日々研究と努力を継続。金沢カレー初となるキーマカレーなど、ゴールドカレーならではのユニークなメニューも人気。タイ・バンコクでも展開。

店舗情報

金沢カレー協会正会員

キッチン ユキ

KITCEN YUKI

創業55年を超える歴史のあるカレーソースが自慢の洋食店。金沢名物「金沢カレー」から、独自の進化で深みを増したキッチンユキの「金沢ブラックカレー」は、単なる香辛料の効いた辛いカレーではなく濃厚でマイルドな味わいと、見た目が特徴です。

店舗情報

金沢カレー協会正会員

ハチバン/金澤8キッチン

KANAZAWA EIGHT KITCHEN

石川県民にこよなく愛される『8番らーめん』を国内外で展開するハチバンが、北陸自動車道・徳光パーキングエリア上下線で運営する『金澤8キッチン』。ここの人気メニューのひとつ「金澤カレー」は、濃厚でドロッとしたルウが特徴です。

店舗情報

スパイス研究家・一条もんこ氏監修

秘

劇中カレー
レシピを大公開!

スクリーンからスパイスの香りが漂ってきそうなほど、
おいしそうなあのカレーを「食べてみたいなあ」と思いませんでしたか?
映画に出てくるカレーの監修を務めた一条もんこ氏が、なんとレシピを大公開します!
それぞれのカレーの特徴をお話いただきました!

カレーの特徴も千差万別。それぞれの魅力を伝えたかった

――作品中にはさまざまなタイプのカレーが登場しますが、これは一条さんが狙っていたことだといいます。

『「カレー」とひとくちに言っても、世界にはいろいろなタイプのカレーがありますよね。そして日本の家庭のカレーとお店のカレーも全く違います。だから最初にこのお話をいただいたとき、この映画のストーリーに則す形で、色んなタイプのカレーを登場させて、カレーの魅力をさまざまな角度から見せようと決めていました。私の本業はカレーを教えることなので、見ている人に作ってみたいと感じてもらえたり、こんなふうに作ったらいいんだと学んでもらえるものにしたいという思いもありましたね」

――実際、登場するカレーはどのように組み立てていったのでしょうか。

「まず立花家のカレーですが、立花家は小さな子どももいましたから、食材の甘みを引き出した、みんなが食べやすいカレーを作れたらいいなと考えて、サツマイモを使うことにしました。映画の舞台となった金沢はサツマイモの産地でもあるんです。おうちカレーって自分たちの畑で育てたような野菜もいっぱい入れるでしょ? そういうところで金沢らしさも出せたらいいなと思って。和風ダシを使うというのも、家庭のカレーならではのよさを表現したかったから。それから甘味・塩味・酸味・苦味・うま味という味の五角形のうち、カレーに唯一足りないのが酸味ですが、南インドや東南アジアでは、タマリンドという甘酸っぱいマメ科のフルーツを入れて酸味を補います。日本の家庭にある食材で近いものといったら梅干しです。そこで、立花家のカレーには、梅干しも加えることにしました」

――一方、山本家のカレーは、日本の家庭で最もスタンダードともいえ

る、市販のカレールゥを使った欧風カレーにひと工夫プラスしたものでした。

「最後に焦がしバターを入れてカレーを仕上げるというのは、もともと私自身がよく使っていたワザです。私はフランス料理店で修業していた時代があるんですけど、焦がしバターを入れるのは、フランス料理の古典的な技法なんです。ギリギリまでバターを焦がすことで、ふくよかな風味とコクが生まれます。誰でも真似できる簡単なワザなのに味がワンランクアップするので、ぜひみなさんにも試してもらいたいです。

それから作品中、沙羅が作るお弁当をキーマカレーにしたのも私のアイデアからです。キーマって日本でいうそぼろなんで、そぼろ弁当みたいにできたらな、と。ハート形にできるのもキーマならではですよね（笑）」

特別感のある南インドカレーで映画の見せ場を盛り上げる

——学園祭で生徒たちが作る南インドカレーも、この映画のハイライトを彩る重要な要素でした。

「子どもたちが何か一つの目標に向かって頑張っている姿を想像したとき、普段あまり使わないスパイスを使って本格的なカレー作りに挑む姿が思い浮かんだんです。たっぷりの油でホールスパイスを炒めて香りを移す作業にも特別感があります。それにカレーマニアの間でも、いろいろなカレーを渡り歩いた結果、結局南インドカレーに戻ってくるっていうのは、あるあるなんです（笑）。それくらい南インドカレーって、多くの人を惹きつける特別なものなんですよね。じつは私、撮影現場にはいなかったんですが、完成した作品を見たら、余すところなくこのカレーの魅力が引き出されていて、その完成度の高さに驚かされました。カレーの魅力は、おいしさはもちろんのこと、この作品でもわかるようにコミュニケーションツールになり得るところだと思うんです。映画を観てくださった方にも、みんなでカレーを作ったりお互いの好みを聞いたりしてコミュニケーションツールとして活用してほしいですね」

PROFILE

一条もんこ

スパイス料理研究家。日本カレー協議会会長。カレーとスパイスの料理教室「Spice Life」主宰。企業レシピ監修・商品企業開発・講演会、カレーによる町おこしも行う。メディア出演多数。近著は「お家で楽しむスパイス料理とカレー」（池田書店刊）。

立花家お手製の和風カレー

莉久が（立花）美宇に作ってほしいとお願いしたカレー。
美宇の父が経営する工場で、従業員に振るまわれていた人気のカレー。

材料（2人分）

豚肉（細切れ）	150g
玉ねぎ	50g
さつまいも	100g
おろしにんにく	小さじ1
カレールウ	40g
刻み梅干し	小さじ1
サラダ油	大さじ1
和風出汁	400cc
塩コショウ	適量
らっきょう（市販）	適量

下準備

- 豚肉を一口大に切って塩コショウをまぶして下味をつける。
- 玉ねぎは1cm幅のくし形に切ります。さつまいもは一口大に切る。

作り方

❶鍋にサラダ油を熱して豚肉が白くなるまで炒め、玉ねぎ、さつまいもの順番で炒める。
❷にんにくと梅干しを加えてさっと炒め、和風出汁を加え、沸騰したら10分煮る。
❸一旦火を止めて（温度を下げる為）からカレールウを加え、ルウが溶けたら再び加熱する。
❹沸騰したら5分煮込み、とろみがついたら完成。

＼ POINT ／

梅干しを入れることで、酸味が加わり味が引き締まります。梅干しは一般的なしそ梅がおすすめですが、かつお梅も出汁が効いていておいしいです。はちみつ梅の場合は酸味が弱いので2倍量入れます。

山本家の香織お手製洋風カレー

莉久からもらったスパイスのお礼に、
香織が莉久や蓮、沙羅、美宇らに振るまったカレー。

材料（4人分）

牛バラ肉	300g
玉ねぎ	1個薄切り（炒め玉ねぎ用）
	1/2個くし形に切る（具材用）
バター	20g
サラダ油	大さじ1
にんにく	1片
ブイヨン	600cc
カレールウ	55g
→ 中辛 40g、甘口	15g

※バーモントとブレンドでも良いかと思います

塩コショウ	適量

◉トマトのピクルス

トマト	1個（150g）
酢	大さじ1
砂糖	大さじ1/2
塩	小さじ1/4
オリーブオイル	大さじ1/2
クミンパウダー	小さじ1/3

（トマトのピクルスの作り方）
- トマト以外をボウルに入れて混ぜてから、トマトを加えてさっと混ぜる。

下準備
- 牛肉を一口大に切って塩コショウをまぶして下味をつける。
- 玉ねぎ1個は繊維に沿って薄切りにします。1/2個は1cmのくし形に切る。にんにくは潰す。

＼POINT／

バターを焦がしすぎると苦くなってしまうので、ほんのり色がついてきて甘い香りがしてきたらカレーと混ぜ合わせます。焦がしバターを加えることで香ばしい風味とコクがアップします。

作り方

❶鍋にサラダ油とにんにくを入れて加熱し、にんにくの表面がこんがりするくらいに炒める。
❷玉ねぎ（炒め用）を加えて飴色になるまで15～20分中火で炒める。
❸ブイヨンを加えて沸騰しそうになったら火を止め、カレールウを入れて溶かす。
❹残りの玉ねぎを加えて再び加熱し、とろみをつけながら5分煮込む。
❺フライパンにバターを熱してバターが少し茶色くなるまで焦がし、④の鍋に入れる。

金菖祭カレー
（南インドカレー）

莉久が「金菖祭」でカレーを作ることを提案。
莉久の企みがわかる重要なシーンでもあった。

材料（2人分）

手羽元肉	4本
玉ねぎ	100g
ナス	中1本
タマリンド	5g
青唐辛子	1本

鶏がらスープ	200cc
ココナッツミルク	200cc
おろしにんにく	小さじ1/2
おろししょうが	小さじ1/2
塩	小さじ1/2
サラダ油	大さじ2

◉ホールスパイス

マスタード	小さじ1/2
シナモン	5cm
クローブ	3本
カルダモン	2粒
（あればカレーリーフ	8枚）

◉パウダースパイス

コリアンダー	小さじ1
ターメリック	小さじ1/2
カルダモン	小さじ1/2
チリペッパー	小さじ1/4
シナモン	ひとつまみ
ガラムマサラ	小さじ1/2

下準備

- 玉ねぎは粗みじん切りにします。
- 手羽元肉は骨に沿って包丁で切り込みを入れ、塩コショウで下味をつけておく。
- ナスは乱切りにして水にさらし、アクを取り、水気を切る。
- 青唐辛子は輪切りにする。
- タマリンドは鶏がらスープの中に入れてなじませておく。

＼POINT／

インドではタマリンドという酸味のある果肉を使用することがよくありますが、手に入らない場合は同量の梅干しで代用ができます。

作り方

❶鍋にサラダ油とホールスパイスを入れて加熱し、いい香りがしてきたら玉ねぎを入れる。
❷玉ねぎの表面がこんがりと焼き目がつくように炒める。
❸にんにく、しょうが、青唐辛子、塩、パウダースパイスを加えて混ぜ合わせる。
❹手羽元肉、ココナッツミルク、鶏がらスープを入れて沸騰したら蓋をして時々混ぜながら15分煮込む。
❺ナスを入れてさらに10分煮る。

お弁当キーマカレー

沙羅が金髪男に振るまったカレー。
莉久に作り方を学ぶ健気なシーンも。

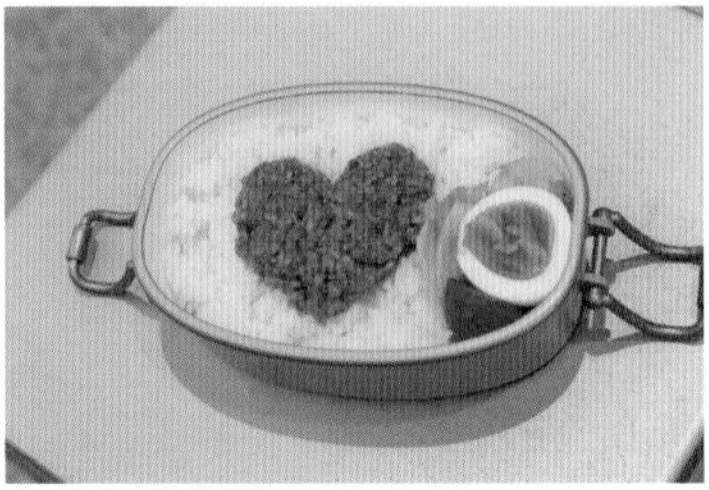

材料（2人分）

豚ひき肉	200g
おろしにんにく	小さじ1/2
おろししょうが	小さじ1/2
玉ねぎ	100g
トマトペースト	大さじ3
ココナッツミルク（牛乳でも可）	50cc
コンソメスープ	100cc
塩	小さじ1/2
サラダ油	大さじ2

◉ホールスパイス

クミン	小さじ1/2
クローブ	2本
カルダモン	2粒

◉パウダースパイス

クミン	小さじ1
ガラムマサラ	小さじ1/2
コリアンダー	小さじ1
カルダモン	小さじ1/4
シナモン	小さじ1/4
チリペッパー	ひとつまみ

下準備

- 玉ねぎは粗みじん切りにする。

作り方

❶鍋にサラダ油とホールスパイスを入れて加熱し、いい香りがしてきたら玉ねぎを入れる。
❷玉ねぎの表面がこんがりと焼き目がつくように炒める。
❸にんにく、しょうがを加えて水分を飛ばすように加熱する。
❹パウダースパイス、塩、トマトペースト、ココナッツミルクを加えて混ぜ合わせる。
❺ひき肉を加えて全体になじませたらコンソメスープを加え、沸騰したら中火で混ぜながら水分を飛ばすように約10分煮る。

＼ POINT ／

キーマカレーは火が通りやすいですが、あえて水分を加えて煮込むと、スパイスや玉ねぎがとろけて口当たりがおいしい、しっとりしたキーマカレーになります。

スパイスより愛を込めて。 ロケ地

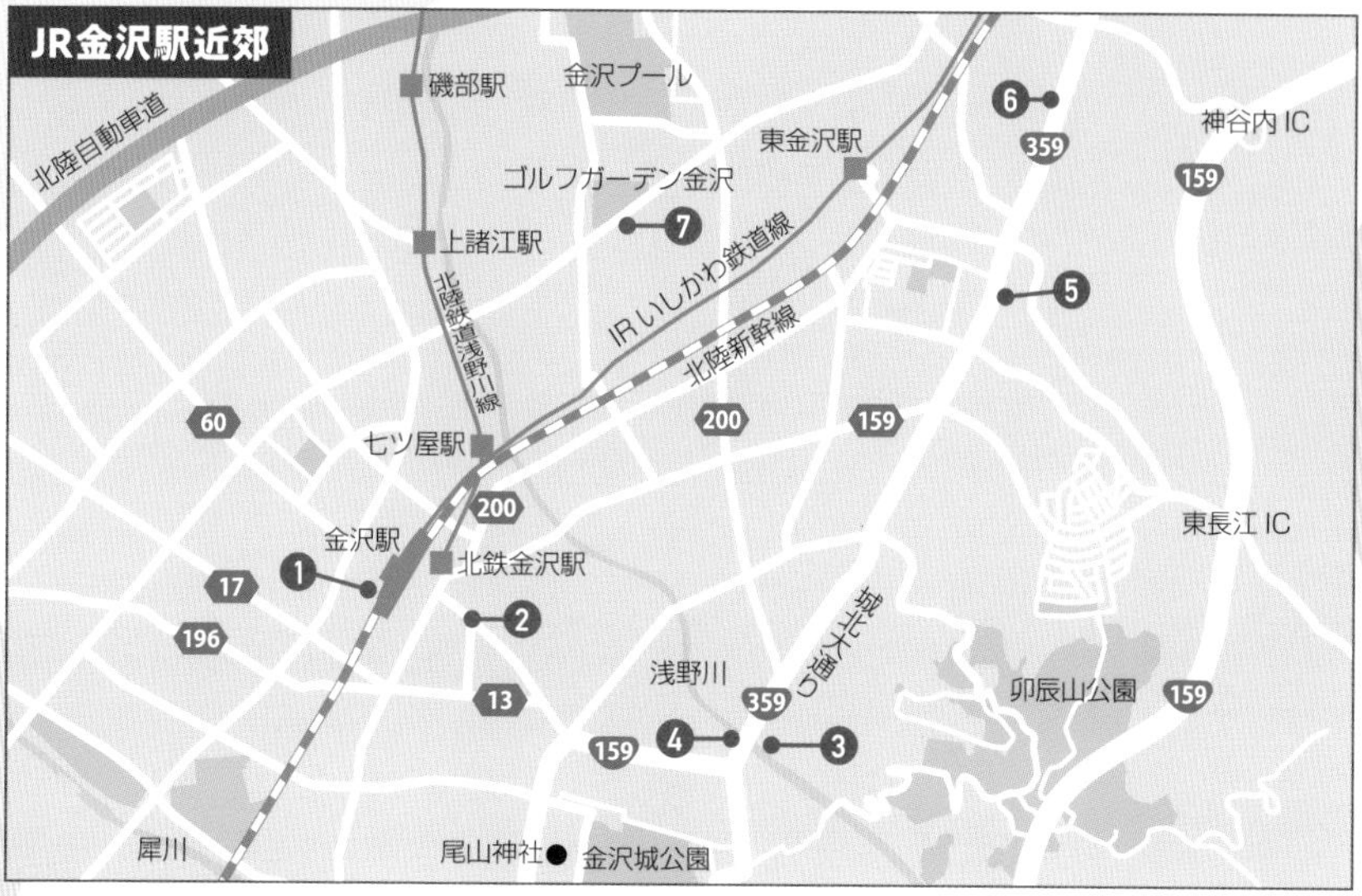

7 ゴーゴーカレールネス かなざわ直売所

住 石川県金沢市沖町イ81-1

スパイスが手に入るようになり、カレーを楽しむ人たちのシーンとして使用

4 主計町茶屋街

住 石川県金沢市主計町

蓮や莉久たちの通学路として使用された主計町茶屋街付近

1 アパホテル〈金沢駅前〉

住 石川県金沢市広岡1丁目9-28

アパホテル社長が「アパ社長カレー」を食べるシーン

5 髙木屋金物店

住 石川県金沢市大樋町4-7

キャプテンの祖父が経営する金物店として使用

2 金沢駅前別院通り商店街

住 石川県金沢市此花町2番5号

蓮が莉久と高木先輩を偶然発見する喫茶店

6 カレーハウス CoCo壱番屋 金沢小坂店

住 石川県金沢市小坂町北179-2

スパイスが手に入るようになり、カレーを楽しむ人たちのシーンとして使用

3 浅野川河畔

住 石川県金沢市東山1丁目付近

蓮たちは傷ついたクラスメイト・沙羅を慰め、励ます

12 うつのみや書店小立野

住 石川県金沢市小立野2丁目42-32
B&S小立野ビル

連の父・直哉が務める書店として使用された書店

10 金沢竪町商店街

住 石川県金沢市竪町付近

沙羅が蓮に恋について相談しながら歩いた商店街

8 ホットハウス金沢総本店

住 石川県金沢市西泉2丁目27

莉久が蓮や沙羅、美宇がカレーを食べ、其々をスパイスに例えた場所

13 北陸大学

住 石川県金沢市太陽が丘1丁目1
住 石川県金沢市金川町ホ3（薬学部）

真司と陽一が共同でスパイス研究をしていた大学の薬学部

11 遊学館高等学校

住 石川県金沢市本多町2丁目2-3

莉久や蓮、沙羅、美宇たちが通う学校として使用された

9 IN KANAZAWA HOUSE

住 石川県金沢市芳斉1丁目4-28

端目家のキッチンとして使われた文化体験施設

スパイスより愛を込めて。ロケ地

14 マルエー内灘店

住 石川県河北郡内灘町向陽台
1丁目144

カレールーやスパイスなどがなくなり、国民が混乱しているシーン

15 中田サッシ工業所

住 石川県金沢市北寺町へ12

美宇の父が経営する工場の外観として使用された場所

16 瀬々らぎの森 ～エトワールエフェ～

住 石川県小松市瀬領町カ122

山本家の家のシーンとして使用された洋館宿

17 無限庵

住 石川県加賀市山中温泉下谷町6

端目家の家のシーンとして使用された、石川県指定文化財である武家書院屋敷

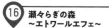

スパイスより
愛を込めて。

PRODUCTION NOTE —2021年の記録—

「クランクイン前日」

安全祈願祭

金沢で最古の神社・石浦神社で安全祈願祭。全国でも日照時間が少ないことでも知られる、雨の日が多いというこの地で、厳しいスケジュールのなか、果たしてゴールまでたどり着くのか。コロナ禍でひとりも体調不良者を出さずに撮影を終えられるのか。スタッフは明るい表情だが、内心は不安でいっぱい。

1日目 10月15日

世界で最も多いカレー店は、ご存じのこのお店。クランクインは敬意を表してカレーハウスCoCo壱番屋金沢小坂店。カレーの香りが漂い早朝から食欲がそそられる。続いて、ゴーゴーカレールネスかなざわ店。こちらは世界で2番目に多いカレー店。さらに、アパホテル金沢駅前でアパ社長とアパカレーの登場! 初日からめくるめくカレーの世界! この撮影期間に何杯のカレーを食べられるのかと期待。夜には地元のスーパー・マルエー内灘店で"カレー争奪戦"の撮影。カレーに飢えている人々の撮影ではあるが、スタッフはこの日、カレーを食べられなかった。

2日目 10月16日

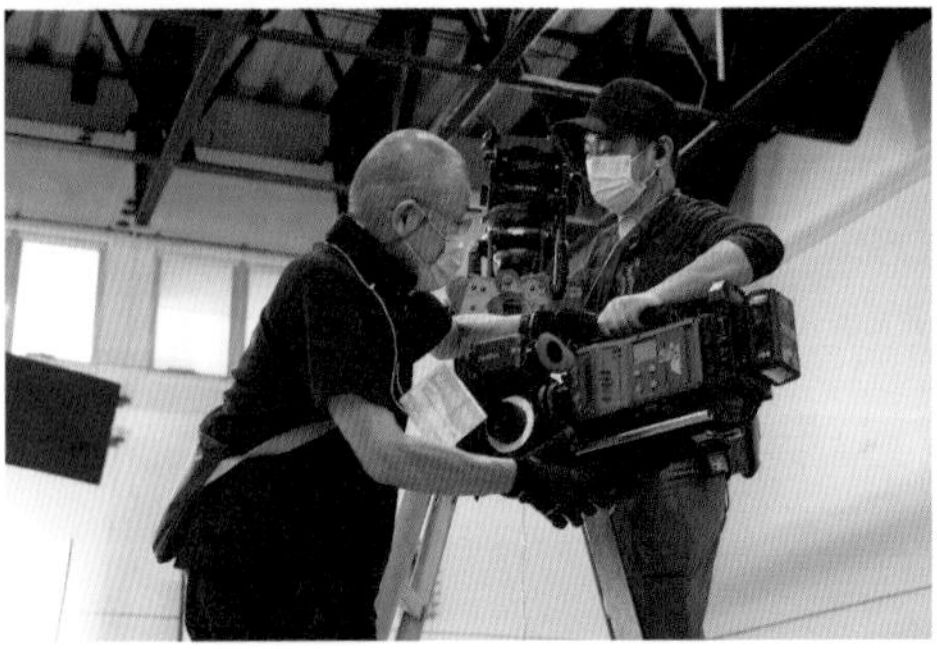

「金沢花菖蒲学園」という漫画に登場するような名前の遊学館高校で撮影。コロナ禍のなか、撮影のルールを何度も話し合い使用させていただいた。感謝。リハーサルまではマスク着用、本番はマスクなしで。このような配慮をしなくてもよい世界が来てほしい。エキストラで参加した高校生のみなさんはどこかうれしそう。その表情にスタッフ一同救われる。

3日目

10月17日

3日目にて雨に悩まされる。朝まで降った雨でできた水たまりを雑巾で吸い取り、学園祭用のステージや看板を養生して、小雨のなか、天気予報とにらめっこ。その甲斐あって雨が上がり撮影を敢行! この映画のポイントのひとつ、大鍋で300人分の本格的なカレーを作る場面。カレー指導の先生の指示で、助監督はじめスタッフが仕込む。辺りには食欲を刺激する匂いが立ち込める。カレーを楽しそうに食する人々の様子を撮影したこの日も、スタッフはカレーを食べられなかった(一部のスタッフは大鍋のカレーを試食したという噂も)。

4日目

10月18日

前日の雨が嘘のような快晴に。天気が安定しているとスタッフもにこやかな表情で、撮影もどんどん進む。浅野川沿いの東山地区、主計町（かずえまち）での撮影。梅ノ橋は旅情をかき立てる佇まいで、映画やドラマでもよく使われるらしい。蓮と莉久が出会う場面や蓮の少年時代を撮影。どこか懐かしい、日本の原風景がここに。

5日目 10月19日

竪町（たてまち）商店街の撮影。かつては金沢のファッションの中心で、若い人々で溢れかえっていたらしい。今もお洒落なお店が並んでいるが、人通りはやや寂しい。が、撮影には適しているとも言える。夕方、蓮と沙羅が歩きながら話す長いカットを撮影。人や車の流れのタイミング、急速に日が暮れていくこの季節、何度も撮り直すことができないためスタッフにも緊張感が……。テイク2でOKが出て安堵。

6日目

10月20日

この日は、莉久、真司の父・端目陽一役の萩原聖人さんが登場。北陸大学のご協力のもと、薬学部の実験室をお借りし、真司役の福山翔大さんとスパイス研究している回想シーンや、同大学の一部をお借りして、莉久との病室での場面も撮影。どちらも短い場面だが、莉久や真司との愛情溢れる良い撮影となった。

7日目　10月21日

セットのイラスト図！

加賀市山中温泉にある「無限庵」を端目家の邸宅に見立てて撮影。文化財であるこのお屋敷を快くお貸しいただいた。端目陽一の書斎には美術スタッフのクリエィティブが注ぎ込まれている。瀬木監督が書いたイメージイラストを美術部が世界観を共有して創作。飾り込みに3日間を要した力作。このような空間に、撮影スタッフもキャストもテンションが上がる。

9日目（8日目は撮休）

10月23日

北陸大学の野球グラウンドでの撮影。寒い。手がかじかむ。分厚いちぎれ雲が流れてくると時折みぞれ混じりの小雨が降る。夏の熱気を孕んだ9月の場面なのだが……。そんな天候のなか、野球部のエキストラの皆さん、愚痴も言わず、ハツラツとした態度に感激。野球経験者のなかの蓮の芝居が愛らしい。

10日目 10月24日

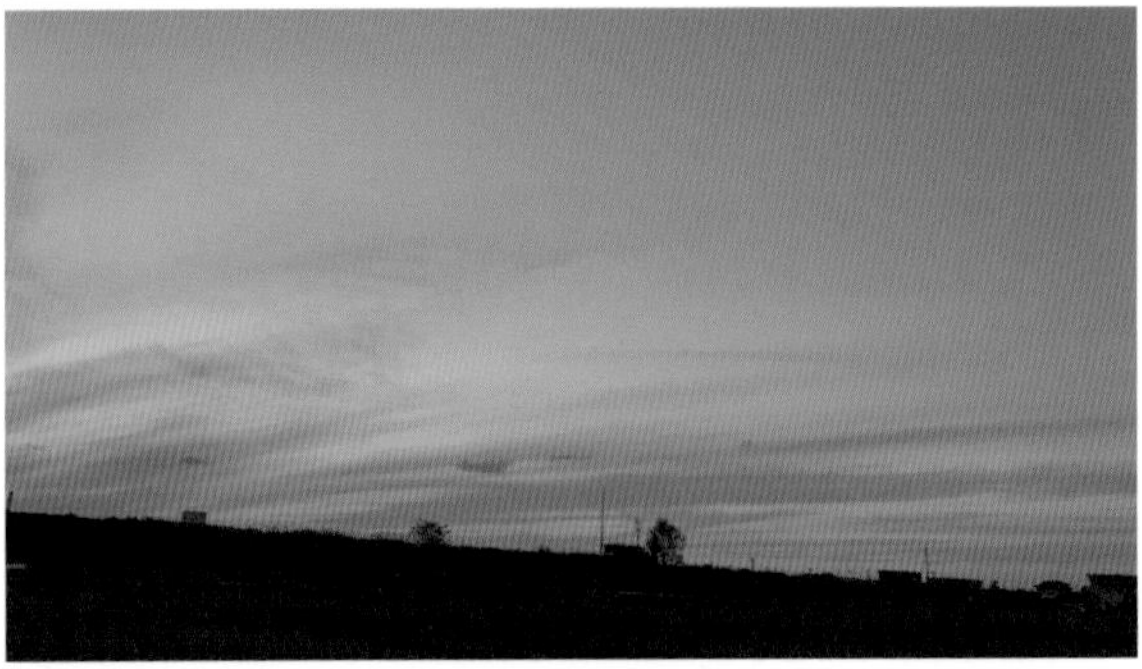

この日は冷え込んだなか、屋外でのナイトシーン。空はピンクに焼けて美しいが、ジワジワと寒さが押し寄せる。蓮たちとストーカーが対峙するアクションシーンは、監督補佐の高明さんの演出。巨体を揺さぶりながら身振り手振りの熱のこもった指導もあって、凍える前に終了した。

11日目

10月25日

インド料理店・ホットハウスでの撮影。クランクインしてから初めて、昼食がカレー! 4日後のクランクアップが現実味を帯びてきて、スタッフにも少し余裕が生まれる。本格的なカレーをいただき、心までホットに! カレーを食べるとやはり人は笑顔になる。

12日目 10月26日

調理指導、フードコーディネートを担当した谷口直子先生のキッチンスタジオ「IN KANAZAWA HOUSE」での撮影。莉久の家の厨房は、ここ。町屋を改装した金沢らしいスタジオ。和の雰囲気の中に機能面、衛生面で配慮された素敵な空間は、両親、兄もスパイス研究者である「端目家」にぴったり。莉久の指導のもと、沙羅が作ったキーマカレー。さてその味は……?

13日目 10月27日

無限庵での撮影最終日。無限庵は前田家の家臣の武家屋敷を山中温泉に移設したもので、いまでは文化財に指定され、観光名所でもある。そんな貴重な文化財を特別に貸していただいた。無限庵の目玉である大広間で撮影。壁の金箔、床の間の掛け軸、鴨居、現在ではもう作れない一枚板の大きなガラス戸、全てホンモノ。傷ひとつつけないように慎重に機材を搬入し、人も粗雑に動かないよう注意しながらの撮影。……出来栄えを見るとやはりホンモノならではの重厚感、深みが出ているように思える。山神大臣との「最後の決戦」たるこの場面にはやはりホンモノが必要との監督のこだわりが実を結んだ。しかし、この空間にカレーの匂いが漂うことになるとは……。

瀬木組
スパイスより愛を込めて。
2021.10.27
BURST22

15日目（14日目は移動）

10月29日

小松市の山里・瀬々らぎの森にあるペンション「エトワールエフェ」を蓮の自宅という設定でお借りして撮影。蓮の母（田中美里さん）は漫画家、父（田中直樹さん）は書店勤め。文化的な暮らしぶりを表現するのに、この施設のキッチン、照明、吹き抜けのぜいたくな空間がぴったり。蓮、莉久、沙羅、美宇、そして蓮の両親がカレーを食す。カレーを皆で食べたい。カレーを食べたら皆笑顔になる。瀬木監督いわく、コロナ禍であるからこそこの場面が愛おしくなる。幸福な光景を取り終え、莉久（茅島みずきさん）、沙羅（速瀬愛さん）、美宇（坂巻有紗さん）はオールアップ!

16日目 10月30日

天までクランクアップを祝福しているかのような小春日和。振り返ると、雨が多いというこの地で予定通りのクランクアップを迎えられたのは幸運だった。この日は蓮の自宅での撮影で終了となる。これまで撮影現場に来られなかった関係者も次々と手土産を持ってやって来た。そして、何と言ってもお昼はカレーのケータリング! ピクニック気分でカレーやチキンティッカをいただき、デザートはクランクアップケーキ! 厳しい条件下での撮影だったからこその喜びが弾けた。

番外編 1

10月31日

クランクアップの翌日、瀬木監督は安全祈願祭を行った石浦神社へのお礼参りをしてから、金沢市の北にある、とある神社へ。この地には日本で唯一香辛料が祀られている神社があるという。つまりスパイスの神様にヒット祈願に向かった。そのご利益はいかに……。

番外編 2

2022年4月上旬

浅野川沿いの満開の桜を見つめながら、蓮と沙羅が将来を語り合う。満開と快晴であることが必要条件だったが、見事に成立。花見客、観光客が多く、なかなか大変な撮影となったが、それでもスタッフの表情は穏やかで、どこか心の余裕が感じられる。撮影終了後、ロケ地ともなったホットハウスでカレーを皆で食べて解散となった。

ゴーゴーカレーグループ社長

西畑　男児

Go!Go!CURRY

フードテックでグローバル企業に！

ゴーゴーカレーグループは2003年に創立され、04年に新宿に1号店、07年には米ニューヨークのタイムズスクエアに出店し、現在国内外に約100店舗を展開しています。M&A（合併・買収）や事業承継にも力を入れ、金沢の老舗インドカレー店「ホットハウス」や金沢カレーの元祖「ターバンカレー」など、多様なブランドを持つ「カレーの専門商社」として事業を拡大してきました。創立20年を迎える今年、創業者の宮森宏和が会長に、私が社長に就任しました。宮森会長とは10年以上の付き合いで、テック企業で働いてきた私の知見と経営手法を活かしてゴーゴーカレーを一気にグローバルなフードテック企業に変えたいという打診がありました。フードテック（FoodTech）とは、食の「フード」と「テクノロジー」を掛け合わせた造語で、テクノロジーの力でフードに関する課題解決やフードビジネスの可能性を広げることです。ゴーゴーカレーでは、IT活用で社内業務の効率を上げたり、店舗運営のデジタル化を促進して、成長スピードの加速化をすすめています。そして世界の市場に挑戦していきます。日本の国民食「カレー」は海外でも人気です。世界のグルメ情報サイト「Taste Atlas」が昨年発表した「世界の伝統料理ランキング」で「日本のカレー」が1位になりました。カレーは今や日本の食文化として浸透し、海外でも注目をあつめています。

「金沢カレーブーム」の火付け役としてゴーゴーカレーを全国区にした宮森会長からバトンをつなぎ、日本のおいしいカレーを世界に広めるために、フードテックでグローバル企業を目指していきます。これからもゴーゴーカレーグループをどうぞよろしくお願いします。

にしはた・だんじ

1973年福岡県北九州市生まれ。ヤフー、Apple、Google、メルカリなど大手テック企業の成長期に参画。21年から米フードデリバリー最大手のDoorDash、翌年買収が完了したWoltで日本の経営陣として事業を拡大。23年3月にゴーゴーカレーグループ社長就任。

映画

スパイスより愛を込めて。

台本

1 桜並木・浅野川沿いの道

満開の桜。
桜並木の下を急ぐ山本蓮(17)
ふと立ち止まり、[思い出の場所]を見やる。

2 浅野大橋

[誰か]を探しながら渡る蓮の姿。

3 主計町・川沿いの道

桜並木の下を急ぐ蓮。
[誰か]を見つけた様子。

4 中の橋の上

橋を渡る蓮の視線の先には、
葛城沙羅(17)

沙羅「探した?」
蓮「橋ってどの橋だよ?」
沙羅「(空を見上げて)莉久はどの辺を飛んでるのかな?」
蓮「(空を見上げて)……(沙羅を見て)ねえ、沙羅も行っちゃうの?」
沙羅「その話題はなし。泣いちゃうから」
蓮「あ、ごめん」
沙羅「(自分に言い聞かせるように)今いる世界が、いつまでも続くとは限らない」
蓮「…でも、どんな世の中になってもさ、忘れられないものってあるよね」
沙羅「(笑って)カレー?」
蓮「(笑って)そうそう、カレー」
沙羅「ちっちゃい頃、よく一緒に食べたよね?」
蓮「(空を見上げて)忘れられないし、忘れたくないっていうか…」
吹き上がる風を追うように、
空を見上げる二人。

5 蓮の回想・川沿いの道(夕)

上空から街の中央を流れる川を捉える。
川沿いにランドセルを背負った蓮(10)と沙羅(10)の姿。
何気ない会話をして歩いている。

蓮「…前飛びが10回か20回くらい」
沙羅「後ろ飛びは?」
蓮「後ろ飛びは5回か10回くらい」
沙羅「そうなんだ。えっと私は、前

飛びが１００回くらいで、後ろ飛びが40回ぐらいしか飛べない」

蓮「ふーん」

６　同・河川敷（夕）

蓮、漂うカレーの匂いに立ち止まり、目を閉じて、匂いを満喫する。

蓮「あ、今日、うち、カレーだ」

沙羅「金曜だもんね」

沙羅、羨ましそうに、蓮を見る。

蓮「うちで食べてく?」

沙羅「いいの?」

蓮「行こう」

走り出す、二人。

７　インサート・同・香織の仕事部屋

ＰＣで漫画を描いている香織。

蓮の声「母は漫画家で、締め切り日の次の日は必ずカレーを作ってくれた。それが金曜日」

８　同・蓮の家・キッチン（夕）

湯気を立てている、鍋のカレー。お玉でカレーをかき混ぜる。

蓮の声「ドロっとした濃厚なソースで、ちょっと甘めなのが特徴だ」

蓮の母、香織（35）、味見をし、満足気。

帰ってきた蓮と沙羅。

蓮「ただいま!」

沙羅「お邪魔します」

蓮「お母さん、一緒に食べていいよね?」

香織「もちろん。二人共、手洗ってきて」

蓮・沙羅「はーい」

沙羅「石鹸使う?」

蓮「まぁまぁ使ってる」

蓮と沙羅、洗面所に向かう。

香織、配膳の準備。

９　同・蓮の家・ダイニング（夜）

食卓で並んで待っている蓮と沙羅。食べ始める二人。

蓮の声「僕は金曜日が楽しみだった。でも、もう、あのカレーは、食べられない」

タイトルイン

「スパイスより愛を込めて。」

10 厚生労働省・会見場

厚生労働大臣・山神輝義（56）の定例会見。

記者Ａ「加賀新報の吉田です。ウィルスの感染状況について大臣のお考えを聞かせてください」

山神「まぁ、この二年間というのは、ナーズウィルスとの戦いでした。が、医療従事者、国民の多大なる努力のおかげで、まぁようやくですが、好転の兆しが見えはじめてきました。しかしですね、まだ世界では変異株も報告されており、引き続き調査を進めてまいります」

フラッシュが焚かれる。

11 蓮の家・ダイニング（夜）

蓮、香織（41）、父・直哉（42）金沢おでんを取りながら、会見の模様をテレビで見ている。

直哉「不思議だよなぁ」

香織「何が？」

直哉「（山神に対して）毎日見てると、親近感が湧いてくる」

香織「そうお？私は、見過ぎちゃって、うんざりしちゃうけどなぁ」

直哉「逆もまた真なりか」

香織「あー、飽きない人もいるかぁ」

しげしげと直哉を見る。

直哉「えっ？俺」

香織「不思議よねぇ」

12 インサート・書店

商品を整えている、エプロン姿の直哉。

蓮の声「父は書店員で、母の漫画のファンだった。書店で母のサイン会を企画したのが出会ったきっかけだそうだ」

13 元のダイニング（夜）

蓮、我関せず黙々と食べていたが、テレビに反応。

記者Ａ「大臣、未だスパイスが供給されていない状況について、どうお考えになりますか？」

山神「それは由々しき問題だね。まぁ、ある一部のその研究者がスパイスがこう、ウィルスに効くと言ったもんで、それを君らマスコミがその、ワイドショーで面白おかしく取り上げたから世の中からスパイスが消えてしまった。そのおかげでカレーもなくなる。いやぁ、カレーが恋しいよ、私は。本当に」

その場を立ち去る大臣。

蓮の声「世界は、変わってしまった。新たなウィルスによって」

直哉、渋い顔つきになり。

直哉「そう、世界は変わってしまった」

蓮、少し驚く。

香織「今度は何？」

直哉「新連載のネタ、どうしようかって言ってたろ？」

14 ウィルス流行による点描（写真）

ナーズウィルスの顕微鏡画像。

直哉の声「ナーズウィルスは、世界中に蔓延し、当たり前だった日常は失われ、僕たちの生活は一変した」

15 ウィルス流行による点描（街中）

マスクをして歩く人々など。

16 ウィルス流行による点描（リビング）

直哉の声「人々が最も混乱したのはカレーを摂取するとウイルスに感染しないといった噂だった」

17 ウィルス流行による点描（スーパー）

スーパーの棚に並ぶハウス食品などのカレールー、次々と手にする客。

レジに並ぶ人々、カゴ一杯のカレー製品。

棚の奥に隠れていたルー一つを奪い合う客。

店内の掲示『カレー製品の入荷予定はありません』

直哉の声「人々は、カレールーやカレー風味のスナックはもちろん、コリアンダーなどのスパイスまで買い占めに走った」

18 ウィルス流行による点描（カレーショップ）

CoCo壱番屋の店頭に『スパイス入手困難のため休業します』の張り紙。

ゴーゴーカレーの店頭に『ス

パイス入手困難のため休業します』の張り紙。
同様に、マドラスカレー、KOSUGIカレーなど。

直哉の声「店頭からカレーやスパイスが消え、カレー専門店は軒並み閉店に追い込まれた。ウィルスは世界に猛威をふるい、スパイスを輸入している諸外国との貿易までも途絶えたのだ」

19 蓮の家・ダイニング

直哉、立ち上がっている。

直哉「結果、カレーは、この世から消えてしまった！」

蓮、無関心。香織、呆れ顔。

直哉「え、えっ?ちょっと、ちょっと」

香織「まんまじゃない」

直哉「あ、い、いえこっからだよ。こっから。蓮ぐらいの高校生が主人公でさ。カレーの復活に奔走する恋あり、サスペンスあり、アクションありの話」

蓮「ごちそうさま」

香織「残念でした。でも、スパイスに抗ウィルス作用があるなんてウソ、誰が流したんだろうね」

直哉「まったくだよな。ほら、もう、香織さんのカレーが食べたくて、手が震えてるもん、ほら」

スプーンを振って、ぐにゃぐにゃして見せる。

蓮、香織、取り合わず。

香織「あ、カレーに恨みがある人だったりして」

蓮「そんな人いる?」

直哉「あ、いいえ、いいえ、ちょっ見てよ」

20 金沢花菖蒲学園・グラウンド（昼）

キャプテンの高木尊（18）が内野にノックしている。

小気味良くノックを受けている野球部員達。

レフトについている蓮。

蓮の声「高校に入学して早々、外出禁止令が発令された。クラスメイトの顔もわからぬまま、オンライン授業の日々を過ごし、数日前から、ようやく、登校できるようになった」

高木が声を張り上げる。

高木「へい、レフト、いくぞ！」

レフトへ上がるフライ。

蓮、反応し球を追う。
追いつけず、頭上を抜けていくボール。
高木「へい、ボール、見とけよ！」
高木「へい、レフト、いくぞ！」

21 火葬場・告別室

棺の前で参列者が焼香をしている。

端目莉久（16）、と莉久の兄・端目真司（24）が焼香した参列者に頭を下げている。

祭壇には端目陽一（55）の遺影が飾られている。

22 同・ロビー

ソファーに座る莉久。
家政婦の光枝が話しかけている。
真司「ちょっと、外してください」
光枝、真司に頭を下げ立ち去る。
真司「親父から、何か預からなかったか？」
莉久「……別に」
真司「本当か？親父は、お前に、遺してるはず」
莉久の顔を覗き込む真司。
莉久「……」
表情を変えずに見返す莉久。
緊迫した二人。
係員の声「端目家のご遺族さま」
立ち上がり係員の方へ向かう莉久。
係員の声「こちらへ」
莉久の後ろ姿を見つめる真司。
真司「……」

23 金沢花菖蒲学園・グラウンド

バッターボックスの蓮。

空振り、ファウルチップ、ファウル。

ベンチから声をかける高木。

高木「しっかり、タイミングはあってるぞ！」

高木に向かって頷く蓮。

しっかりと振り抜くが、内野ゴロ。

一塁に向かって走り出す蓮。

内野手がゴロを捌き一塁に送球。

渾身のヘッドスライディングで一塁に飛び込む蓮。

捲き上る砂埃の中、蓮の伸ば

した両手は一塁に届いていない。

一塁手が軽く肩に触れて余裕のアウト。

一塁手「ドンマイ」

蓮「……」

24 火葬場・外

骨箱を持った真司と遺影を持った光枝が参列者に挨拶をしている。

莉久、真司の元へ行き、骨箱を取る。

真司「?」

莉久「私、歩いて行く」

真司「歩くって……」

戸惑う真司を置いて、歩き出す、莉久。

真司「おい、莉久!」

25 金沢花菖蒲学園・グラウンド

グラウンド整備をしている、蓮。

制服に着替えたキャプテン来て。

高木「蓮!」

蓮「はい!」

と駆け寄る。

キャプテン、グローブを蓮に渡す。

高木「やるよ。同じポジションのよしみで」

蓮「え、いや、でも」

高木「二年に内緒な」

蓮「……」

高木、グラウンドを眺めて。

高木「あーあ、最後の大会やりたかったなー。NARS（ナーズ）ウィルスで中止になるなんて思わなかったよ。ま、弱小チームだけどな」

蓮、微かに笑む。

高木「俺たちの分まで来年、頑張ってよ。明日から、受験一筋だわ。」

蓮、頷く。

高木「じゃあな」

歩き出す。

しばし、キャプテンの背中を見つめる、蓮。

蓮「ありがとうございました!」

キャプテン、振り向き。

高木「蓮!やめんなよ」

蓮、頷く。

蓮「……」

26 河川敷

川面の流れ。

莉久、しゃがんで眺めているうちに、悲しみが襲う。おもむろにネックレスにさげた小瓶を取り出し、香りを嗅ぐ。

27 莉久の回想・病室

莉久、療養中の端目陽一（55）に、食事を取らせている。

莉久「はい」

口を閉ざしたままの陽一

莉久「少しでもいいから、食べて」

陽一、微笑む。

陽一「もう、いいんだ」

莉久「……」

28 回想明け・河川敷

莉久、カルダモンの入った小瓶の匂いを嗅いでいる。

莉久「……」

スマホが鳴り、出る。

莉久「……もしもし」

美帆の声「莉久、葬儀はおわった？」

莉久「……うん、終わった」

美帆の声「任せっきりでごめんね。大丈夫？」

莉久「うん。大丈夫」

美帆の声「莉久」

莉久「ん？」

美帆の声「……真司には渡せたの？」

莉久「まだ、渡せてない」

美帆の声「そっか」

29 土手

蓮、高木のグローブをはめて、手になじませるように、歩いていたが、足を止める。

蓮「？」

スパイスの匂いが届く。

30 河川敷

莉久、スパイスの小瓶を握りしめ、俯いている。

蓮の声「カルダモン？」

莉久、動揺を隠しながら、振り向くと蓮がいた。

莉久「なに？」

蓮「いや、スパイスの香りがしたから」

莉久、小瓶をしまい、骨箱を持って立ち上がる。

蓮、骨箱に気付く。

蓮「……」
莉久「鼻、いいんだね」
立ち去る。
蓮「……」

31 蓮の家・ダイニング（夜）

夕食後にビールを飲んでいる
直哉と香織。
直哉「あいつ、なんで急に野球始めたんだろ？」
香織「さあね……」
直哉「俺の影響かな？」
香織「だったら、もっと早くから始めてるよね。ほら、小学生の時、キャッチボール誘って、断られてたじゃん」
直哉「えー、そうだっけ？」

32 同・蓮の部屋

蓮、ベッドに横になり、キャプテンにもらったグローブをはめて、ボーっとしている。
グローブを胸に乗せる。

33 商店街（昼）

葛城沙羅（16）、テレビスタッフ、ディレクターの岩佐（38）に囲まれ、収録を行っている。
MC「はい、ということで、今日のまるっと石川のコーナーは、モデルとして大活躍の葛城沙羅ちゃんと一緒にお送りしています」
沙羅「よろしくお願いしまーす」
少し離れた所に、蓮。
女子高生たちが、駆け寄ってくる。
女子高生A「あれ、葛城沙羅じゃない？」
女子高生B「ホントだ。沙羅ちゃんだ！」
女子高生A「かわいいー」
蓮「……」
岩佐「OK。じゃ、次、インサート撮っちゃおう。沙羅ちゃん、ちょっと待ってて」
沙羅「はい、わかりました。お疲れ様です」
蓮に向かって歩いてくる沙羅。
沙羅「お待たせ」
面倒くさそうに立ち上がる蓮。

34 道〜美容院前

蓮と沙羅、歩きながら。

蓮「何、用事って?」

沙羅「蓮、最近、いいことあったでしょ?」

蓮「別に」

沙羅「またまたー。愛しのキャプテンからグローブ、おもらいになったんじゃないの?」

蓮、動揺を隠して。

蓮「な、なんで」

沙羅「高校で野球デビューした甲斐あったね」

蓮「……見てたの?」

沙羅「(キャプテンの真似)蓮、やめんなよ!くーぅ」

蓮「……」

沙羅「キャプテン、蓮のこと気にいってんじゃん」

蓮「そうなのかな?」

沙羅「告っちゃえば?」

蓮「……簡単に言うなよ」

沙羅「ねぇ蓮、人は、恋するために生まれてきたんだよ。性別なんてどーでもいいじゃん」

蓮「からかうなら、帰るけど」

沙羅「違うって」

沙羅、蓮を引き止め、真剣な眼差しを向ける。

沙羅「沙羅は、蓮を応援するって言ってんの」

蓮「……そりゃ、どうも。で、本題は?」

沙羅、指を差し、その方を見る、蓮。

ガラス張りの美容院内で、接客している、店長(40代)と金髪のイケメン店員(21)。

蓮「またぁ?どっち?」

沙羅「金髪に決まってんでしょ。既婚者は問題外」

沙羅「こんなこと頼めるの蓮ぐらいなの。蓮の名前で予約しといたから」

蓮「予約って……自分で聞けばいいだろ」

沙羅「男同士の方が、本音聞きやすいでしょ。それに、ちゃんとお礼はしますって、はい」

沙羅、ゴーゴーカレーのレトルト取り出し渡す。

蓮「えっ、よく手に入ったね」

沙羅「ファンからの貢物。私、戻んなきゃいけないから、よろしくね」

沙羅「はい」

沙羅に背中を押され、渋々、店に向かう、蓮。

沙羅「ゴーゴー」
　沙羅、満足気にその様子を眺める。

35　道
　黒塗りの高級車に真司が乗り込む。

36　同・車内
　真司が乗り込んでくる。
　後部座席に座っている井川玲香（32）
真司「電話で良かったのに。わざわざ東京から？」
井川「先生の後援会回りのついでです」
真司「ああ、総選挙に向けての足固めですか」
井川「無駄話をしている余裕はありません」
真司「わかってますけど、そう簡単には。なにしろ、父は大学だけじゃなく、自宅のパソコンのデータも全て消してしまっているので」
井川「だからこそ、共同研究者の貴方に」
真司「はぁ、分かってます、そっちも約束を守ってくださいよ」
　不敵に微笑む井川。
井川「先生からの伝言です。世界を救えるのは君だ。くれぐれもよろしく頼む、と」
　微笑む真司。
真司「はい」
　感慨深く鼻を啜る真司。

37　同・道
　走り去る車を見送る真司。
　吐き捨てるように呟く。
真司「何が世界だ、世界を救えた奴なんかいなかったろ」
　その場を立ち去る真司。

38　カフェ・前（夕）
　美容院から帰りの蓮。
　ガラスで自分のセットされた髪を気にする蓮の動きが止まる。
蓮「！」
　視線の先の店内に居る高木。
　高木の前に莉久が来て座る。
　談笑する、莉久の笑顔。

蓮「……」

　ふと視線を感じた莉久が蓮を見る。

　莉久と視線が交差し、気まずく去る蓮。

39 蓮の家・ダイニング（夜）

　キャベツとカツが乗ったご飯の上にレトルトカレーを分けてかけている直哉と香織。仕上げにカツにソースをかける直哉。
直哉「一年振りのカレーがこんなに美しいとは」
香織「沙羅ちゃんに感謝だねぇ」
直哉「あれ、蓮の分は?」
香織「あぁ、食欲ないって」
直哉「え、カレーだよ」
香織「こいまろび、恋ひは死ぬとも、いちしろく、色には出でじ、朝顔の花」
直哉「万葉集?えっと、転げ回るほど恋焦がれて死のうとも、顔色には出しません。だっけ?」
香織「そういうこと。カレーも喉が通らないんじゃない?」
直哉「へー。色には出でじなのに。よくわかったね?」
香織「母親の勘ってやつよ、ふふっ」
直哉「お相手は、沙羅ちゃんかな?」
香織「直くんは、単純でいいわねえ、ふふっ」
直哉「?」

40 同・蓮の部屋

　蓮、ベッドにうつ伏せで寝ている。

　蓮のスマホに、沙羅から次々とメッセージが入る。

〝なんで、連絡よこさないのよ〟〝金髪にちゃんと聞いたんでしょうね?〟〝ちょっと蓮!スルーすんな〟プンプンしたスタンプなど。

　蓮、スマホを見て、打ち始める。

〝金髪男のタイプは、料理のできる女、好きな食べ物は、キーマカレー〟

　送信すると、溜息を吐く蓮。

　すぐ返信が来る。

〝明日、付き合って!〟

41 莉久の家・前の道

私服の蓮と沙羅、歩いている。

沙羅「えっ、キャプテン、彼女いたんだ！」

蓮「……」

沙羅「ショック……だよね？」

蓮「（頷く）でも、だんだん腹たってきた。受験一筋なんて、言ってたくせに。ふやけた顔してさあ」

沙羅「ま、でも、振られたわけじゃないし、ね？」

蓮「あー、昨日もらったレトルト、食うんだった！」

沙羅「よし、カレー食べて元気だぞう！」

蓮「えっ、まだ持ってんの？」

42 同・端目陽一の書斎

スパイスが収められた棚や、机には生前のままの資料の山。

真司、机の引き出しを漁っているが、椅子に座る。

机の上の封筒の中を漁る真司。

机上の写真立てが目に入る。

端目陽一と幼い莉久（10）真司が（18）写っている。

真司「……」

沙羅「莉久ちゃん！来たよー」

廊下から沙羅たちの声が聞こえる。

43 同・玄関口

莉久「いらっしゃい」

蓮「！」

莉久の顔を見て、笑顔が消える蓮。

沙羅「端目莉久ちゃん、同じクラスだよ」

蓮「……」

莉久「また会ったね」

沙羅「あれ、知り合い？」

莉久「あぁ、ちょっとね」

蓮と沙羅、靴を脱ぎながら。

沙羅「（小声で）ちょっとどういう関係よ？」

蓮「（小声で）河原ですれ違っただけ、そっちは？」

沙羅「私のファンなんだって。で、カレーの先生」

蓮「……」

沙羅「昨日あげたカレーは莉久ちゃんからの貢物だよ」

蓮「……」

沙羅「さ、行こう」

44 同・キッチン

古いがよく手入れされている、広いキッチン。
色とりどりのスパイス、ホールスパイスの瓶がずらりと並んでいる。
蓮と沙羅、感嘆の声。

沙羅「え、すごーい！」

スパイスの蓋を開けて香りを嗅ぐ沙羅。

沙羅「わー！」

スパイスの数々。（アップショット）

莉久「母、自慢のスパイスなんだ」

沙羅「へー、そうなんだ。すごいね」

家政婦の光枝（62）、来て。

光枝「あら、何かお手伝いしましょうか？」

莉久「大丈夫。ありがとう」

沙羅「こんにちは」

沙羅「ねぇ、お母さん？」

莉久「家政婦の光枝さん」

莉久「母は、スパイスの研究で、インドネシアに行ってるんだけど、NARS（ナーズウィルス）の影響で帰ってこれなくなっちゃった」

蓮「……」

手際良く、テーブルに並んだキーマカレーの材料。

莉久「キーマカレーは、シンプルなスパイスカレー。材料はこれだけ」

沙羅「へぇ、スパイスカレーって、普通のカレーとどう違うの？」

莉久「家庭でよく食べるカレーは、煮込む欧風カレー。スパイスカレーは、煮込まず、炒めるの」

沙羅「え、炒めんの？」

莉久「そう。じゃあ、最初に、カレーの素となるグレイビーを作ろうか。
玉ねぎ、みじん切りにしてもらえる？」

沙羅「うん」

沙羅、玉ねぎを受け取りブツブツと移動する。

莉久「ほい」

沙羅「はい、ありがとう」

包丁を手にとり戸惑う沙羅。

莉久「え、沙羅ちゃん？」

沙羅「あ、料理なんて中学の家庭科以来だからさ。ハハハッ」

危なっかしい手つきで、包丁を使う沙羅。

蓮「貸して、貸して」

沙羅の包丁を取ろうとする蓮。

沙羅「あぁ、いい。蓮は味見だけし

てくれたら良いの、ね」

莉久「まずは皮を剥かなきゃ」

沙羅「あ、そっか、皮ね」

蓮「やってあげる」

沙羅「いい、いい、いい出来る」

45 同・キッチン・時間経過

玉ねぎを炒める、沙羅。

莉久「はい」

沙羅「ありがとう」

沙羅「こんな感じ？」

莉久「うん、そうそうそう。でももっと茶色になるまで炒めて」

沙羅「オッケー」

46 同・キッチン・時間経過

茶色になった玉ねぎ。

沙羅「んー？」

莉久「これぐらいじゃない？」

47 同・キッチン・時間経過

焦げ茶色に炒められた玉ねぎ。

沙羅「ね、次は？」

莉久「にんにく。生姜を入れて炒める」

莉久「スパイスを投入。クミン。これはクローブ、カルダモンにシナモン。順番は関係ないから全部入れて」

沙羅「ふふっ、はい、はい。どばー」

莉久「どばー」

沙羅「どばー」

莉久、沙羅笑う。

48 同・廊下

蓮、香織に電話を掛けている。

蓮「うん、夕飯ご馳走になっていくから。うん、わかった」

と切る。

蓮「……」

真司来て、

真司「嫌な匂いだねえ」

蓮「？」

真司「君は、カレー好きなの？」

蓮「……はい」

真司「カレーが食えないなんて大騒ぎしてるのは、日本だけなんだぜ。小さい島国の貧乏くさい食いもんなんだよ。カレーなんてのは」

蓮「……」

真司「変か？」

蓮「いや、カレーが嫌いって人に会っ

たことなかったので……」
真司「カレーが好きな君は普通で、カレーが嫌いな俺は変人？」
蓮「変人だとは思わないですけど……普通って何ですかね？」
真司「……君、面白いね。普通ってのは、他者と同じなら安心だという幻想だよ。違って当たり前なのにね」
莉久、来て。
莉久「蓮くん、できたよ。兄さん…」
莉久が蓮を紹介しようとするが立ち去る真司。
蓮「……」

49 同・ダイニング

出来上がったキーマカレー。
蓮の前に盛り付けたキーマカレーを置く。
満足気な沙羅。
沙羅「いやぁ、自分が作ったとは思えないわぁ」
蓮「ほとんど莉久ちゃんだろ」
沙羅「うわぁ、芸術的に美しい。もう食べちゃうのが惜しいよぉ、ねぇ。あ！そうだ」
沙羅、突然立ち上がり。
沙羅「写真撮ろう！携帯とってくる」
と、出ていく。
莉久「うん」
蓮と莉久、しばし固い雰囲気。
蓮「あのさ、」
莉久「ん？」
蓮「三年の高木先輩と付き合ってるの？」
莉久「え？付き合ってないけど」
蓮「え？そうなの？」
莉久「え？なんで？」
蓮「だって、昨日、カフェで」
莉久「あぁ、ちょっと相談してたの」
蓮「相談？それってあの…」
沙羅「蓮！」
戻って来る沙羅。
沙羅「ちょっと斜めに持ってよ、もう、映えるように！こっち、逆逆」
莉久「あ、私が撮ろうか？」
沙羅の撮影を手伝い、会話は途切れる。
蓮「……」
沙羅「え、いいの？やった！はい、お願い」
莉久「はーい」
沙羅「貸して」
莉久「いくよーはい、チーズ」
沙羅「撮れた？」

莉久「撮れたよ」
沙羅「撮れた？」
莉久「撮れたよ」
莉久が撮った写真を覗き込む莉久と沙羅。

50 同・玄関口

キーマカレーの入った弁当を持っている沙羅。
沙羅「本当にありがとね、カレー」
莉久「全然、沙羅の為だもん」
沙羅「ん、神かよ！じゃあ、また明日、報告するね～」
莉久「うん、じゃぁね」
沙羅「ばいばい」
莉久「蓮くんも」
蓮「……」
去っていく蓮と沙羅。

真司が奥から出てきて莉久に話しかける。
真司「友達なんて珍しいな。うまく引き入れたのか？」
莉久「やめてよ。私はただ…」
莉久の話を切る真司。
真司「なぁ、本当は親父から何か預かってんだろ？」
莉久「別に、何も……」
苛立ち、声を荒げる真司。
真司「莉久！俺に協力する事がお前の復讐にも近づくんだ」
莉久「……」
立ち去る。
真司「よーく、考えるんだな」
莉久の背中に向かって言葉を放つ。

51 公園（夜）

金髪男に弁当を渡している、沙羅。
蓋を開けて驚く、金髪男。
ハートマークのキーマカレー弁当。
金髪男、口にし、感動の雄叫び。
金髪男「え、カレー？」
沙羅「うん、カレー」
微笑む、沙羅。
沙羅「好きでしょ？」
金髪男「うん、なんで知ってるの？」
沙羅「はい、食べて」
金髪男にスプーンを差し出す沙羅。
沙羅「どう？美味しい？」
金髪男「美味しい！」
沙羅「美味しい？うふふ、これ沙羅

が作ったんだよ」

金髪男「本当に？」

沙羅「うん、すごくない？」

金髪男「料理できるんだね」

沙羅「え？ちょっとなんでそんな事言うの？できるよー」

金髪男「ハートマークも可愛い」

沙羅「可愛い？やったぁ」

金髪男「うん」

52 莉久の家・端目陽一の書斎（夜）

写真立ての裏蓋を開けると、SSDフラッシュメモリを取り出す莉久。

莉久「……」

美帆の声「あの人から、データを預かったの？」

53 莉久の回想・端目陽一の書斎

莉久、スマホで、母・美帆（44）とオンラインで話している。

莉久、フラッシュメモリを掲げる

莉久「大事に持っていてくれって。後は何も教えてくれなかった」

美帆「あー、それ、たぶん研究データだわ。あの人、入院する前に、オンラインも含めデータを全部削除したのに、そんなの残してたんだ」

莉久「父さんの研究データ…」

美帆「上手くいけば、世界を救える研究データのはず」

莉久「……」

美帆「いい、莉久。私が帰るまで、それ、誰にも渡しちゃだめよ。真司にも」

莉久、フラッシュメモリを眺めながら思案する。

54 回想開け・端目陽一の書斎（夜）

写真立てを元に戻す。

莉久「……」

55 金沢花菖蒲学園・体育館

道着姿の立花美宇（17）と男子部員・田村（17）の組手練習。

一礼し、フットワークから、技の攻防が続く。

美宇、相手のふくらはぎを蹴り、倒れた相手の腹部に、気合一閃、突きを決める。美宇、汗を拭こうとタオルを手にすると、果たし状の様な紙がある。
紙を拾い上げ見る。
美宇「……上等じゃねぇか」

56 同・廊下〜教室

ずんずんと歩いている、道着姿の美宇。
迫力に押され、脇へ避ける生徒たち。
数人の生徒がいる教室に入って来る、美宇。
美宇「端目ー莉久、いるか」
生徒たち、莉久を見る。
美宇、莉久の席に行き、机を叩く。
莉久「はい」
美宇「ちょっとツラかせ」

57 同・廊下

莉久、美宇に壁ドンされる。
莉久「！」
美宇「これは、お前か？」
莉久の手書きの果たし状のような紙を突き出す。
莉久「はい、声を掛けようとしたら、熱心に稽古されてたので」
美宇「じゃぁ、喧嘩売ってるって事で良いんだな」
莉久「え？」
美宇「こっちも手加減できるほど器用じゃないからなぁ覚悟してこいよ」
莉久「あの、美宇先輩。読んでます？それ」
美宇「果たし状だろ？」
莉久「違います」
美宇「え？違うの？」
莉久「はい」

58 立花工業㈱・外

先頭を歩いている莉久。
その後ろを果たし状のような紙を歩きながら見ている蓮と沙羅。
文面——
『立花美宇先輩へ
お母様自慢のカレーを食べさせてください。お礼は致します。』
蓮「果たし状って思われたいの？」
莉久「まさか、正式な手紙のつもりで書いたんだけど」
沙羅「勘違いさせようと悪意すら感

じるけどね、これ」
莉久「あれ？」
隣接している住居から美宇が出て来て。
美宇「おーい、こっちだ」
莉久「今日は、お休み？」
美宇「おう、従業員が感染したんで、しばらく休みなんだ。母も感染ってまだ入院してる」
莉久「大丈夫ですか？」
美宇「あー全然。心配するほどじゃない。母より心配なのは、親父の方だ」

59 美宇の家・居間

泥酔して、寝ている美宇の父。
父の回りで、幼い妹弟３人が遊んでいる。

美宇の声「やっと仕事を再開した矢先だったから、ショック受けてるんだ」

60 同・キッチン

莉久、キッチンに、パウダースパイスを出す。
美宇「お前、すげーなぁ。本当にいいのか？」
莉久「もちろん。ご馳走になるんですから」
沙羅「ね、莉久は、どうして先輩んちのカレー食べたかったの？」
莉久「んー、前にね……」

61 莉久の回想・立花工業㈱・前

莉久、すれ違う従業員の会話が聞こえる。
従業員A「え？お前うちの会社のカレー食べてないの？」
従業員B「俺が入った時には、スパイスがアレだったんで食べてないですよ」
従業員A「マジかぁー。人生の45％は損してんな。」
従業員B「なんすか、それ」
カレーの会話で気にかかり振り返る莉久。
敷地内で美宇が空手の稽古を妹弟につけている。
美宇「足逆だよ、そう」
美宇「足逆、そう」
美宇「そんで、前重心、前重心。」
美宇の弟「前重心」
美宇「そう」
莉久「……」

62 回想開け・美宇の家・キッチン

沙羅「ほう、それは、気になりますなー」
莉久「でしょ。先輩、よろしくお願いします」
美宇「よっしゃ、作るか！はい」
鍋を持ち上げる美宇。
沙羅「レッツクッキング、レッツクッキング」
美宇「さつまいも」
玉ねぎ、豚肉、おろしにんにくと生姜、塩で炒め、さつまいもをどっさり鍋に投入。
美宇「さつまいもで甘みが出る。弟たちがいるから、カレーも甘口なんだ」
ボールに、だし汁を用意する。
美宇「母直伝のカレーの秘密はここからだ。和風のだし汁を入れる」
蓮「梅干し？」
美宇、刻んだ梅干しを鍋に入れる。
美宇「あぁ、母によるとカレーで唯一足りない味が酸味なんだ。だからこれで完璧な味になる」
グツグツと煮立つカレー。

63 同・居間（夜）

テーブルに並ぶ、バターチキンカレー。
蓮たち「いただきます」
美宇の父「ん、これだよ、これ。染みるわー」
美宇の妹弟「染みるわー」
美宇「染みるわーじゃねんだよ。酒じゃねんだから」
沙羅「んー、なんていうんだろ、この味」
莉久「なんだかとっても……」
蓮「優しい気持ちになる」
莉久「うん、うん、うん」
沙羅「それ、それだ！」
美宇の父「あいつらにも食べさせてやりたかったなぁ」
美宇「お袋にも。なんか自分らだけ食べて申し訳ないな」
沙羅「ん、確かに、なんかちょっと罪悪感ある……」
莉久「……」
蓮「カレーは、みんなで食べるから美味しいんだよ」
莉久「それ、それ！」
一同「？」
莉久「みんなで、カレー食べようよ」

沙羅「え、どういうこと?」
莉久「学祭でカレー作ってみんなで食べるの」
沙羅「え、いいじゃん、それーねぇ」
莉久、楽しそうに話し始める。
蓮の声「この時は、僕の言葉が引き金になったと思っていた。だけど、そうじゃなかった」

64 莉久の家・端目陽一の部屋(夜)

真司、陽一のイスに座って、思案気。
莉久、入ってくる。
真司、莉久に向く。
莉久「兄さん」
真司「……」
莉久「お願いがあるの」
真司「お前に協力してやる気はない」
莉久「お父さんのデータがあっても?」
不敵な笑みを浮かべる真司。
真司「…なんだよ、改まって。兄妹じゃないか。困ってるならお兄ちゃんに言ってみな」
莉久「山神大臣を学祭に呼んで欲しい」
真司「おいおい、大臣を呼び出すって…」
決意に満ちた莉久。
莉久「来てくれるでしょ?」

65 金沢花菖蒲学園・掲示板

学園祭のポスターが貼ってある。『金菖祭まで、あと30日』
祭りが近づくざわついた雰囲気。
模造紙を持った生徒が走り抜ける。

66 同・グラウンド

ベンチで高木のグローブをメンテナンスしてる蓮。
部員「おーい、今日グランド、整備して終わりだって、集合」
部員たちが帰っていく。

67 川沿いの道(夕)

帰宅してきた蓮、漂うカレーの匂いに気づく。
蓮「あれ?」
家路を急ぐ蓮。

68 蓮の家・ダイニング(夕)

蓮「母さん、カレー!?」
沙羅「あぁ、おかえりぃ」
莉久「お邪魔してます」
　香織の作るカレーを手伝っている、莉久と沙羅と美宇。
蓮「なんで、いるの?」
沙羅「蓮のお母さんのカレー、美味しいって話をしてたらね」
莉久「美味しいカレーの話を聞いたら我慢出来るわけないじゃん」
美宇「以下同文」
直哉「ただいま」
蓮「だからって、ウチこなくても……」
直哉「え?」
　帰宅してきた直哉が歓喜の声をあげる。
直哉「えぇ、宝の山だぁー」
　直哉、テーブル上のスパイスやハウスのカレールーなどを前にして狂喜。
直哉「おい、蓮!本物だぞ。本物!眩しい!」
蓮「……」
香織「莉久ちゃんに、スパイス頂いたから、ご馳走することにしたの」
沙羅「そういうこと」
直哉「あぁ……」
　香織、コトコト音を立てる鍋の隣で、フライパンにバターを溶かしている。
香織「うちのカレーの特徴は、バター。あえて焦がしていれるのよ」
莉久「スゴイいい匂い!」
沙羅「食べたいね!」
美宇「食べたい」
沙羅「ねー!」
美宇「もう、我慢できない」
沙羅「我慢できない、ペコペコになっちゃうよ」
　困惑する蓮。
蓮「……」

69 同・ダイニング時間経過（夜）

　ダイニングテーブルに配膳されたキャベツとカツが乗ったカレー。
　皆で、食卓を囲んでいる。
沙羅「んー」
莉久「焦しバターのコク、クセになる。仕上げにコリアンダーパウダーを加えて爽やかさもあってホントに素晴らしいです!」

皆、呆気に取られている。
香織「ありがとう……」
沙羅「オタクって、好きなこと喋ってるとき、早口になるよね」
美宇「うん。うん」
莉久「やだ、恥ずかしい」
直哉「また香織さんのカレーを食べられる日が来るなんて……」
莉久の手を取り上下に振る。
直哉「莉久さん、ありがとね！ありがとう」
蓮「キモい」
直哉「あぁ、ごめん、そうだよね」
笑いが起きる。

70 同・階段（夜）

蓮、沙羅、莉久、美宇が階段を上がる。

沙羅「小学生以来だな。蓮の部屋に入るの」
美宇「幼馴染か」
莉久「仲いいよね、二人」
蓮「沙羅は、妹みたいなもんだから」
ちょっと悲しげな目の沙羅。
沙羅「……まぁ、沙羅の方が、ひと月、早く生まれてるけどねー」
蓮「沙羅の両親が忙しいとよくウチに預けられてたんだよ。ウチの母、いつも家にいるから」
莉久「羨ましい。私は、一人でいることが多かったから」
蓮「……」

71 同・蓮の部屋（夜）

美宇「うぉー良いなぁ一人部屋かよ」
沙羅「こんな狭かったっけ？」
蓮「体がでかくなっただけだろ」
沙羅「そうかな？大人になっちゃったかな」
莉久「立派な彼氏もいるしね」
沙羅「あぁ、金髪男？振っちゃった」
蓮「え、なんで？」
沙羅「めっちゃ嫉妬深くてさ。今、誰といるの？とか、一日に何回もメールしてくるし、返信しないと鬼電もしてくるし」

72 金沢花菖蒲学園・校門

登校して来る沙羅、違和感を感じて振り返る。
金髪男が携帯を片手に沙羅を盗撮している。
嫌らしい笑みを見せる、金髪男。

沙羅の声「無視してたら学校の前で待ってたりして、嫌気がさしたから」

73 同・蓮の部屋（夜）

莉久「それは、振って当然かも」
蓮「確かに……」
美宇「ストーカーじゃん。やばかったら言って」
　沙羅、蓮の机の上にある、グローブを見つめ。
沙羅「見る目ないんだよなあ……私が好きになる人って」

74 金沢花菖蒲学園・廊下（朝）

　登校してくる、沙羅。
　男子生徒A、B来る。

沙羅「おはよ」
男子生徒A「かつらぎぃ、お前、すげえな」
沙羅「何が？」
男子生徒B「これ、ホントにお前？」
　とスマホを見せる。
沙羅「！何これ……」
蓮の声「沙羅は、この日から学校に来なくなった」

75 SNS画像など

蓮の声「金髪男は、振られた腹いせに、沙羅のことをSNSにアップした」
　スマホ画面——
　金髪男（モザイク）と沙羅の2S。
　キス顔の沙羅。キャミソールの沙羅。
　テキスト——元カノ葛城沙羅。人気があると調子に乗ってる最低女。
　カレーで釣られた。スパイスもファンの男を誘惑して入手したらしい、など。

76 沙羅の家・沙羅の部屋

蓮の声「ファンは手の平を返したように、罵詈雑言を発信した」
　沙羅、ベッドで布団を被り、スマホを見ている。
　スマホ画面——裏切者！最低。モデルやめろ。死んで。信じてたのに。死ね。などなど。沙羅、吐き気をもよおし、部屋を出る。

77 同・洗面台

蓮の声「明るく物怖じしない沙羅が、こんなにも打たれ弱いとは思わなかった」

鏡台にある剃刀を取ろうとする沙羅。

78 同・沙羅の部屋

ベッドに置かれたスマホから着信音、莉久と表示。振り返る沙羅。

泣き崩れる、沙羅。

鳴り続けるスマホ。

79 金沢花菖蒲学園・教室

蓮と莉久、数人の生徒たち。

莉久、スマホを切る。

蓮「もう一週間か……」

スマホを見ている、莉久。

莉久「……金髪男、またアップしてる」

スマホ画面――沙羅、キャミソールのフルショット。

蓮、ため息。

莉久「許せない……絶対に」

蓮「……」

莉久「ちょっとお願いがあるんだけど」

蓮「え？」

80 蓮の家・ダイニング（夜）

タブレットでネームを描く、香織。

直哉、コーヒーを入れている。

直哉「莉久ちゃんとバッティングセンターねぇ」

香織「うん」

直哉「どうぞ」

香織「ありがとう」

直哉「そっか、本命は、莉久ちゃんか。いいね、青春してるねぇ」

香織「違うんだよなあ」

哉「何が？」

香織「んー、蓮の好きな人」

直哉「あー、あっ莉久ちゃんじゃなくて、やっぱり、沙羅ちゃん？」

香織「じゃなくって、キャプテン」

直哉「ああ、キャプテンね。って、どこの？」

81 バッティングセンター（夜）

ピッチングマシンから飛び出す球。

莉久「ふざけんなー！」

莉久、怒りまかせに空振り。

外から見ている蓮と美宇。

美宇「どうすんの？」

蓮「……」

美宇「妹みたいなもんなんでしょ？沙羅は」

蓮「……」

打席から出てくる莉久。

莉久「全然、当たんない」

美宇「じゃ、私がお手本を」

莉久「出来るんですか？」

美宇「なんでも出来るから空手部なんです。ふふふ」

美宇が打席に入っていく。

蓮「ちょっと、トイレ」

去っていく蓮。

---

82 美容院内（夜）

金髪男と店長、店じまい中。

入り口の開く音。

金髪男「すみません。今日、もう閉店なんですよ」

入ってきたのは、蓮。

蓮「ちょっと、話。良いですか……」

金髪男「はい？」

蓮、スマホ（沙羅の画像）を見せる。

金髪男「店長、先上がってもいいっすか？」

店長「いいよ、お疲れー」

冷めた目で蓮を見て、奥へ行く。

金髪男「お疲れっす」

蓮「……」

---

83 公園・中（夜）

金髪男に続いて来る、蓮。

金髪男「で、なに？話って」

蓮「画像を消してください」

金髪男「ちょっと何言ってるかわかんないな」

蓮「沙羅の画像を消してください」

金髪男「何で？」

蓮に詰め寄る、金髪男。

金髪男「何で、君がそういうことを言ってくんの？ねえ、何で？あー、そうか。で、頼まれたんだ？沙羅に。ね、そうなんでしょう？」

と、スマホで新たな沙羅の画像を出す金髪男。

金髪男「この写真、まだあげてない

写真。お前みたいなガキが来てもやめるわけねぇだろ」

蓮「……」

金髪男「またアップしちゃうよー。ヒーロー気取りで、無力なガキが」

携帯の操作をやめさせようと掴みかかる。

蓮「やめろ！」

金髪男「何すんだよ！離せって、やめろって」

蓮、金髪男の腕を払うと、スマホが飛ぶ。

金髪男「おい、お前何してんだよ」

蓮の顔面にストレート。倒れる蓮。

金髪男「お前、調子乗んなよ！」。

倒れる蓮を蹴る金髪男。

金髪男「調子乗んなよ」

走り来る、莉久の足。

金髪男「おい！」

金髪男に金属バットでフルスイングする莉久。

金髪男「？」

莉久「もう、一丁！」

金髪男「お前、このやろー」

距離感が合わず、空振りする莉久。

振りかぶった莉久のバットを取り上げ、突き飛ばす金髪男。

金髪男「なんなんだよ、次から次に！」

蓮の前に転がる莉久。

金髪男「こんなので殴ったら死ぬよ？分かってる？」

バットを担ぎ、二人に躙り寄る金髪男。

金髪男「君が最初に、金属バット振ってきたんだから、正当防衛だよね？正当防衛！」

莉久の目の前をフルスイングする金髪男。

莉久「キャァ！」

蓮が莉久を庇うように前に出る。

金髪男「だから、そういうヒーローみたいな事すんなって、むかついちゃうから！」

蓮を蹴り飛ばす。

金髪男「とりあえず、足ぐらい折っちゃっても良いよね。殺されかけたんだから」

莉久に向き直る金髪男。

金髪男「それか、裸にひん剥いちゃおうかなぁ」

バットを振りながら莉久に近づく金髪男。

美宇の声「おい！」
金髪男「あ？」
振り向きざまに美宇のハイキックが金髪男に直撃。
呻いて転がる金髪男。
美宇「バット持ってたんで正当防衛って事でご勘弁」
蓮たちに駆け寄る美宇。
美宇「大丈夫か？」
蓮「なんとか」
美宇「莉久は？」
莉久「めっちゃ怖かったです。でもちゃんと撮れてたと思います」
蓮「ん？」
莉久、立ち上がり、茂みに隠しておいたスマホを確認する。
金髪男がバットを振り回している映像が収録されている。
美宇が気絶している金髪男の胸ぐらを掴み起こす。
金髪男「（うめき声）」
美宇「あのさ、この映像を警察に持っていくのと、沙羅に粘着やめるの、どっちがいい？どっちがいい？」
金髪男「……」
美宇「返事！」
金髪男「すみません、もうしません」
金髪男を離す美宇。
美宇「よし」
莉久「ありがとございます」
納得がいかない蓮。
蓮「最初から、俺は捨て駒かよ？」
莉久「こっからが出番でしょ？」
蓮「えっ？」

84 沙羅の家・沙羅の部屋（夜）

沙羅の潜っている布団が剥がされる。
沙羅「蓮！」
蓮「行こう」
沙羅「やだ、出たくない。やだ、やだ」
莉久「行くぞ。皆、心配してんだよ。話をしよう」
抵抗する沙羅。
美宇と莉久も加勢して外に連れ出される沙羅。

85 河川敷（夜）

莉久と美宇に手を引かれている沙羅、その後に、蓮。4人、川べりに出る。ぐいぐいと沙羅の腕を引く莉久。

沙羅「ほっといてよ、もう、私なん

て…」
沙羅「もう、やめてってば…」
莉久「変わらない、何も変わらない。話そう、ちゃんと話そう一回」
沙羅「ほっといてよ」
沙羅が莉久の手を振り解き、川縁に座り込む。
塞ぎ込む沙羅と向き合う蓮たち。
沙羅「もう、私なんて…」
しゃがみ込み、同じ目の高さで沙羅に話しかける莉久。
莉久「沙羅、よく聞いて。あなたは、何も悪くないの」
沙羅「……」
莉久「だから、部屋に閉じこもってる必要もない」
沙羅「……」
蓮「勝手にひとりぼっちになんなよ！俺たちがいるだろ」
沙羅「……でも、でも、怖いんだよ」
握っていたスマホに目がいく
沙羅「私の事、嫌いになっていく人がドンドン増えていくし…」
莉久「そんな奴らに怯えるな！」
スマホを奪い取り、川に投げ捨てる。
蓮「えっ」
放物線を描き、川面に落ちるスマホ。
莉久「顔の見えない奴らより、目の前の私を信用して！」
沙羅、じんわりと泣き顔になる。
美宇「金髪男も懲らしめといたからさ、多分、もうあいつからの更新はないかな」
泣き出す沙羅。
莉久「大丈夫」
と莉久が沙羅の背中をさする。
沙羅「恐かったぁ。恐かったよ」
莉久「大丈夫」
沙羅と莉久を見ている蓮。
川面に映る灯がにじむ。

86 蓮の家・玄関～香織の書斎（夜）

帰ってくる、蓮。
両親の言い合いが聞こえる。
蓮「？」
直哉「俺は、社会人として普通に生きてほしいだけなんだよ」
香織「普通ってなに？人と違ってたら、不幸なの？」
直哉「いやいや、そうは、言ってないけどさ」
蓮、息を吐き、玄関に戻る。

蓮「ただいま！」
とたんに静まる仕事部屋の二人。
橋の上を行き交う人々や車。

87 蓮の家・ダイニング（朝）

蓮、一人で朝食を取っている。
やつれた香織、来る。
香織「おはよう」
蓮「徹夜？」
香織「うん。締め切り間近だからさぁ」
欠伸をしながらテーブルに突っ伏す。
蓮「なんでわかったの？」
香織「ん？何が？」
蓮「……普通じゃないって」
香織の頭部、微動だにせず。
蓮「いってきます」
香織、突っ伏したまま、呆然。
香織「……」

88 北陸放送・ロビー

蓮の声「僕らは、莉久の片棒を担ぐことになった」
沙羅と蓮、岩佐ディレクターと向かい合っている。
沙羅「お願いします！」
岩佐「沙羅ちゃんに頼まれてもさぁ、正直言って学祭なんて、どこも同じじゃん？なんか、あっと驚くような目玉でもあればね」
沙羅、ニヤッと笑む。
沙羅「山神大臣が来ます」

89 高木屋金物店・前

店頭に莉久、美宇待っている。
そこに、連と沙羅、来る
沙羅「莉久ー」
莉久「どうだった？」
沙羅「オーケー」
莉久「オーケー？」
沙羅「オーケー、よかったー、行こっ」
莉久「じゃぁ、行こう」

90 同・中

莉久を先頭に入って来る。
莉久「お邪魔しまーす」
蓮「こんにちは」
口々に「こんにちは」などと挨拶。
高木、奥から出て来て。

高木「あー来た来た。よお、蓮。久しぶり」
蓮「え!?キャプテン?なんで?」
高木「あぁ、ここ、じいちゃんの店」
蓮「……」
高木の祖父「あぁ、いらっしゃい」
口々に〝こんにちは〟
高木の祖父「蔵から出しといたよ」
莉久「ありがとうございます」
高木の祖父「奥へどうぞ」
沙羅「はいっ」
高木「どうぞー」
一同、様々な金物が並ぶ中、店の奥へ進む。
呆然と立ち尽くす、蓮。
沙羅「蓮、驚きすぎだって。良かったねぇ。はいっ。行こう。早くー」
蓮の背中を押して奥へ。

そこには、大きな鉄鍋。
一同、感嘆。
莉久「うーわっ」
美宇「うははっ、でけー」
高木の祖父「大きいやろー」
莉久「すごーい」
沙羅「うわーすごーい」
美宇「でかいですねー」
沙羅「大きいー」
高木「すごいでしょう?これ?」
沙羅「これだったらいっぱい作れるねー」
美宇「ねー」
莉久「え、何人分ぐらいなんだろう」
高木の祖父「３００人ぐらいいやろか?」
莉久「そんなに?」

91 金沢花菖蒲学園・教室

学祭の出し物を話し合っている。
黒板――学祭の出し物。お化け屋敷、リアル脱出ゲーム。
教師A(42)、居眠り中。
蓮、莉久を見ている。
生徒「はい、たこ焼きがいいと思います」
生徒A「たこ焼き」
蓮の声「一体、いつから莉久は計画していたんだろう」
生徒A「他にありませんか?」
莉久、見計らったように挙手する。
生徒A「端目さん」
莉久、立ち上がり。
莉久「はい、カレーライスを作りたいです」

生徒たち口々に、〝何言ってんの？〟〝無理だろ〟などと、否定する声を上げる。
生徒「カレーなんてできるわけないじゃん」
生徒A「カレーがないんだから、無理でしょ」
莉久「大丈夫です。スパイスならこの通り」
沙羅と蓮が白布のかかった箱を取り出し、皆の前に。
沙羅「せーの、じゃーん」
白布を下ろす。
積まれたホールスパイスやパウダースパイス、カレールーなど。
スパイスに群がる生徒たち。
〝え、何で、なんで〟と熱狂の渦。

教師A「こらぁ、騒ぐな、騒ぐんじゃない」
莉久、満足げに笑む。
蓮の声「歴史上、スパイスを道具として使い、人々を操るのは常套手段だ」

92 川沿いの道

学校帰りの、蓮と莉久。
蓮「やっぱ、カレーってすごい。みんなを笑顔にするもんな」
莉久「カレー嫌いな人もいるけどね」
蓮「お兄さんはなんで、カレーが嫌いなんだろう」
莉久「父を憎むあまり」
蓮「お父さんを憎む…？」
口が滑ってしまった感のある莉久。

莉久「うん」

93 莉久の回想・莉久の家・庭

並んで座っている陽一と子供時代の莉久と真司の写真が動き出す。
美帆「はい、じゃぁ、行くわよー」
と写真のタイマーを押す美帆
陽一「はい、あれ見てよ、笑って」
美帆「はい、ターメリック」
パシャリと音が響く。
楽しそうに莉久にスパイスを嗅がせる陽一。
莉久「これ何ていう匂い？」
陽一「これはね、クミンていうスパイス」
莉久の声「私が小さかった頃は、兄は父と仲が良かったの」

94 加賀大学・生化学実験室

実験室で植物からの抽出成分の分析をしている陽一と真司。

莉久「兄が父を憎むようになったのはウィルス感染の研究を始めてから」

95 川沿いの道

スパイスの入った小瓶を握りしめる。

蓮「……」

莉久「兄がスパイスの有効性を父と共同研究として発表しようとした時に、父が全ての研究データを消してしまったの」

蓮「……なんでそんなことするの？」

莉久「わからない。裏付けるデータを失った兄の研究は発表される事はなかった」

蓮「……」

96 街全景（朝）

学祭の成功を感じるような青空。

97 金沢花菖蒲学園・掲示板

学園祭のポスター。
『金菖祭本番』

98 同・駐車場

空手着姿の美宇、父が運転するトラックから従業員A、Bと大鍋をおろす。

美宇「これ、どんどん運んじゃっていいよ、どんどん運んじゃっていいよ」

美宇「気を付けて、気を付けて」

従業員A、B「せーの、よいしょ、せーの」

美宇「大丈夫？結構、重いよ」

美宇「ひっくり返そっか、ひっくり返して」

99 同・円形広場・テント中

連や莉久が、テントに野球部員や男子生徒に指示し、食材を運ばせる。

100 同・テント中

野菜を刻む女子生徒達。米を研ぐ生徒。

蓮「お米、到着」

莉久「あ、お米そっちで」

蓮「わかった」

莉久「野菜は空いてるところで」

蓮「早く早く」

生徒「お米、到着」

生徒「お米と塩がきたよ」

生徒「ラストお茶」

生徒「あ、莉久先輩、この空いているお皿どこに行けばいいですか?」

生徒「メイビー、肉きた肉」

莉久「空いているところで」

生徒「莉久先輩?」

101 同・大階段

美宇と空手部員たちが大鍋、従業員A、Bがプロパンなどを運んでいる。

美宇「はい気合いれろー」

従業員A「はいよー」

従業員A「あざっす」

従業員B「あ、ちょっとすいません。これちゃんと持っててくださいよ」

美宇「気を付けろよー」

従業員B「加藤さん、重い、重たい、重い?」

美宇「行くぞー」

美宇の父「早く行け、重い」

従業員B「重い」

従業員B「ちょっと待ってくださいよ、早いって早いっすよ」

従業員A「もっと早く行け、せーの、重い、重い」

美宇「あはっ。頑張れ、気合だ気合」

従業員B「ちょっと待ってくださいってー」

美宇「あっちだから、あっちだからテントは。あはっ」

美宇の父「もっと早く行こう早く」

従業員A「はい、はい」

従業員B「おい、おい」

美宇「気合入れろ気合」

美宇の父「落ちる落ちる一回一回降ろせ降ろせ」

102 同・テント前

野菜を刻む女子生徒達。玉葱、唐辛子を包丁で切っていく。

にんにく、生姜をおろす。米を研ぐ。茄子を切る。

大鍋が、かまどに設置されている。
レポーターが収録を行っている。

レポーター「今日は、金沢花菖蒲学園の文化祭にお邪魔しています。そして、こちらの大鍋でこれからカレーが作られます。いやぁ、楽しみですねぇ」

103 同・ステージ付近

収録の側を蓮、莉久、沙羅が生徒達と通りかかる。

岩佐「お、沙羅ちゃん」
沙羅「お、お疲れ様です」
沙羅「今日は、ありがとうございます」
岩佐「問題ナッシング」

104 同・テント前

かまどに、火が焚かれ、大量の油にホールスパイスが放り込まれる。
玉ねぎなど次々と鍋に放り込まれていく。
大きなヘラを使い、具材を炒めていく。
莉久が巫女のように、スパイスを投入すると、歓声が起こる。
カレーの匂いが一気に、漂い始める。
みんな、仕事の手を止めて、うっとりと匂いを嗅ぐ。

105 住宅街

漂うカレーの匂いに、足を止める人々。

サラリーマン「なんか、カレーの匂いしてこない？」

106 繁華街

沙羅の母、カレーの匂いにつられて歩き出す。
大通り、サラリーマンや若い女性たち、匂いに反応。

サラリーマン「これ、カレーじゃないっすかね？カレーの匂いしません？」

メイド喫茶の勧誘をする女性。カレーの匂いに反応。

107 金沢花菖蒲学園・廊下

教師A、カレーの匂いに足を止めると生徒たちが横を走り行く。

生徒「ね、待って。めっちゃいい匂いする。ね、来て」

生徒A「めっちゃいい匂いする」

生徒「早く行こう、早く早く」

カレーの匂いにつられて満足そうな教師A。

108同・円形広場・テント付近

吸い寄せられるように、人々が集う。

グツグツと煮込まれている、カレー。

配膳に並ぶ列、最後尾に案内板を持った、美宇。

レポーター「はい、こちら金沢花菖蒲学園前なんですけども、見てください、この行列。ねーすごいですね。聞いたところによると、大阪から来たよなんていう声も上がっております」

高木「美味しい美味しいスパイスカレー、如何ですか?今日だけ特別。一皿150円」

沙羅「あーっ、危ない、危ないよ」

高木「なくなり次第、終了でーす」

沙羅「はーい」

連携プレーで配膳する、蓮と高木。

その中に、沙羅の母、着物を着たご婦人達。

皆、口々に美味しい、美味しいとカレーを食べる。

美宇の父や従業員。

生徒「2年3組、カフェやってまーす」

生徒「やってまーす。是非きてくださーい」

笑顔でカレーを食べる人たちの顔、顔、顔。

子供「久しぶりに食べた」

その様子を眺めている莉久、歓声が上がる方を見る。

沙羅「はーい」

生徒「大盛りで大盛りで」

沙羅「大盛りで大盛りで」

蓮「大盛りで」

沙羅「はい」

文化祭に来た客「大臣だ」

「えっ」と一斉に振り返り、視線の先に注目する人々。

文化祭に来た客「山神大臣だ」

109　同・大階段

SPに囲まれた山神大臣を真司が誘導している。人々の中に歓声が上がる。
人々に愛想を振り撒き来る山神。

110　同・テント

莉久が山神大臣を見つめている。

莉久「沙羅、ちょっといい？」
沙羅「え、うん」
震える身体を抑え切れずに、テントから離れる。
跡を追う蓮。

111　同・トイレ

鏡に映る、弱々しい表情の莉久。

莉久「……」
スパイスの小瓶を取り出し、匂いを嗅ぐ。

112　同・廊下

歩いて来る、莉久。
待ち構えている、蓮。

莉久「！」
蓮「大丈夫？」
莉久「……見といてよ」
莉久の背中を見ている蓮。

113　同・ステージ脇

岩佐「よし、始めよう」
岩佐、レポーターにキューを出す。

114　同・ステージ

ステージ上に設置されたテーブルにいる山神。
対峙する形で莉久が立っている。

レポーター「本日のスペシャルゲストは、山神厚生労働大臣です。大臣よろしくお願いします」
人々の拍手と共に手を振って、登壇する山神。
レポーター「そして、この素晴らしい企画を立てたのが、こちらの生徒さん達です」
山神を見つめている莉久。

莉久「……」

レポーター「では、早速、大臣に試食をしてもらいましょう」

115 同・ステージ

莉久「大臣に一つ質問があります」
山神「……なんだね？」
莉久「大臣は、スパイス研究者の端目陽一をご存知ですか？」
山神、かすかに顔を歪ませる。
山神「もちろん知っている……」
莉久「彼は、このカレー不足を巻き起こした張本人です。カレーを摂取すれば、ウィルスの感染を防げると発表し、根拠がないと誹謗中傷を受け、学会から追放されました」
莉久「その時に、大臣はこう言ったんです。学者のくせに根拠のないことを言うなど言語道断。即刻辞めさせた方がいいと」
莉久「それなのに貴方が否定した端目陽一の研究を続けさせたのは何故ですか？」
止めようと動き出す井川。
莉久「端目陽一とそこにいる共同研究者の端目真司に資金提供をして研究を続けさせた」
近くで真司もやり取りを見つめている。

116 同・ステージ脇

AD「どうします？」
岩佐「大臣、しっかり抑えて」

117 同・ステージ

目の前のスタンドからマイクを抜き、手に取る山神。

山神「君の質問に答えよう。まず一つ目だ。研究者たる者、エビデンスがはっきりしない状態で公の場で発言するべきではない。二つ目、がしかし、スパイスがウィルスに効くという着眼点。これは非常にユニークだと思った。だから、サポートした」

莉久「端目陽一は、あたしの父です。父は、死ぬ前に、病室で全て話してくれました。あなたの策略に気がついて、研究データを封印した」

〝え〟と騒つく
山神「……策略？んー、それが何の話かよくわからないが、まぁ兎に角、皆さんがこうやってカレーを食べるのを待っているんだから、まずカレーを食べよう。ねー、話は必ずまた聞くから」

止めようとするSP達。

山神「まぁ、いいから」

目くばせする山神。

SP達がステージに上がり、莉久に躙り寄る。

抵抗するが連れ出される莉久。

莉久「父さんや兄さんの研究をあんたなんかに渡さない！」

山神、井川に促され、退場。

莉久の様子を見ている真司。

レポーター「さぁ、皆さん、大臣にカレーを召し上がっていただきましょう。ね、生徒の皆んなが作った美味しいカレーです。大臣、お願いします」

呆然とする蓮。

118 夕方の空

莉久が歩いている。

119 川沿いの道（夕）

蓮、沙羅、美宇、莉久が解放されるのを待っている。

莉久、来る。

沙羅「莉久！」

沙羅、莉久の前に行き、対峙。

莉久「なに？」

沙羅、莉久の顔を平手打ち。

莉久「何すんの？」

沙羅「勝手にひとりぼっちになんないでよ。もっと、もっと信用して」

莉久「ごめん」

莉久を抱きしめる沙羅。

莉久「恐かったよ」

沙羅「この間と逆になっちゃたったね」

二人を見つめる蓮と美宇。

蓮「……」

美宇「……」

120 莉久の家・端目陽一の書斎（夜）

真司、莉久。

莉久、写真立てからメモリを取り出す。

真司「そんな所に隠していたか」

メモリを真司に渡す莉久。

真司「このデータがあれば、俺の研究が間違ってなかったって証明できる」

莉久「……兄さんはどこに向かって

いるの？」
真司「俺は親父みたいな学者にはならない。世界を変えた偉人として名を残すんだ」
莉久「……」
真司「あいつみたいに、せっかくの研究が正当に評価されないなんて耐えられない」
莉久「……本当に、迷子だったんだね」

121　莉久の回想・病室

莉久、陽一に、食事を取らせている。
陽一、口を閉ざしたまま。
莉久「はい、少しでもいいから、食べて」
陽一、ゆっくりと首を振る。

陽一「もう、いいんだ……それよりも莉久、真司と仲良くしてくれ」
莉久「お兄ちゃんは…」
陽一「あいつは今、ちょっと迷子になってるだけで、ちゃんと進める」
陽一、メモリを取り出す。
陽一「真司がまっすぐ歩けるようになったら渡してくれ」
莉久「………わかった」
メモリーを陽一から受け取る莉久。
陽一「ありがとう」
陽一、目を閉じる。

122　莉久の家・端目陽一の書斎（夜）

真司「そんなの、嘘だ！デタラメ言うな！」

莉久「……お父さんの研究が正当に評価されてないって思ったんでしょ？」
真司「！」
莉久「お父さんの事を、誰よりも尊敬してるから、だから共同研究した成果を世界に広めたいんでしょ？」
真司「……」
泣き出す真司。
真司「あぁ、あ……」

123　同・外（夜）

階段から降りてくる真司。
真司「お待たせしました」
黒塗りの高級車が止まっている。
車外で待っている井川の前に

真司来て。
井川「遅かったわね、それで手に入ったの？」
真司、メモリを出す。
井川「ご苦労さま」
メモリを取ろうとするが、真司に握られる。
井川「どういうつもり？」
真司「先生に直接渡したい。明日まで、滞在してるんでしょ。ご足労いただけるように、お願いしてもらえませんか？」
井川「……どうかしら。今日の対応で追われているから。あなたの妹さんのせいで」
真司「いらっしゃるでしょうね。これで大逆転も可能でしょうし。それに、きちんとおもてなしさせていただきますよ」

真司を見つめる井川。

124 街の景観（朝）

浅野川。

125 蓮の家・ダイニング（朝）

書き置き——二人の子供で幸せです。心配させてごめんね
蓮の書き置きを見ている直哉と香織。
香織「なんか私たちより、ずっと大人なんだね」
直哉「んー」
書き置きを手に取る直哉。
直哉「そうだね」
直哉が手に取った書き置きを見ている直哉と香織。

126 莉久の家・前

黒塗りの高級車が止まっている。

127 同・大広間

椅子に、どかっと座っている、山神。
その傍らに立つ、井川。
対峙する真司の後ろに控える莉久、蓮、沙羅、美宇。
真司「昨日は、申し訳ございませんでした」
山神「そんなことは気にしなくていい。それよりデータを」
顔を上げる真司。
真司「私は、勘違いしてました。父

は、あなたを恐れて研究を封印したんだと」

山神「……」

真司「あなたの発言や、ＳＮＳの誹謗中傷なんて気にしていなかった。全ては、世界を救う為の計画だった」

真司がＳＳＤデータを山神に渡す。

山神、データを受け取り、そのまま井川に渡す。

井川、タブレットにデータを差し確認する。

その様子を見ている莉久。タブレットの中身を確認している井川。

井川「間違いありません」

山神「ん、いい匂いがしてきたぞ」

莉久がカレーを山神のテーブルに配膳する。

莉久「どうぞ」

山神「じゃ、いただきます」

スプーンを持ち、カレーを食べようとする山神。

美帆「ただいま！」

美帆が入ってくる。

美帆「あらー、カレー？光枝さん、私にもください」

光枝「はい」

山神の前に対峙する美帆。

莉久「お母さん！」

美帆「莉久、頑張ったね」

手に持っていたスプーンを置く山神。

真司の前に来る美帆。

美帆「いい顔になったじゃない」

山神「端目夫人。ご無沙汰しております」

美帆「山神大臣。随分とうちの子供達と遊んでくださってるみたいで」

山神「立派な御子息達で頼もしい限りです」

美帆「本当に。おかげで世界を救えるヒーローになれましたわ」

山神「ヒーロー？」

美帆「陽一さんと真司の研究データを無償で世界中のラボに公開しました。感謝のメールがなり止みませんのよ」

山神「い、いや今何と仰りました？」

美帆「ですから、研究データを世界中のラボに無償で公開しました」

驚愕の山神。

山神「バカな、そんなことしたら特許も取れない。１円にもならないんだぞ」

美帆「えぇ。お金より、みんなの笑顔が見たいですから」
蓮、沙羅、美宇、唖然としている。
山神、苦々しい顔。
山神「理想だけじゃ如何にもならないんだよ」
美帆「偉い方はそう仰るかもしれませんが、私達は端目陽一を誇りに思っています」
微笑む莉久。
山神「はー、用事を思い出しました。これで失礼します」
出口へ向かう山神に。
美帆「大臣、カレー残ってますよ」
山神「それはまたの機会に」
山神、どかどかと廊下を歩き、立ち去る。その後を追う井川。
呆気に取られる、蓮たち。

美帆「あー、お腹すいた。みんなもカレー食べるでしょ？」
莉久「食べよ、食べよ」
沙羅「うん、食べたい」
美宇「食べよ」
蓮「うん」
莉久「我慢してた？」
美宇「もぉー」
莉久「美宇先輩、大盛りでしょ？」
美宇「美味しそうー」
沙羅「食べたい、食べたい」
美宇「自分、特大盛りで」
莉久「特大？」
美帆「いやー」
皆が笑い合う。
蓮「じゃあ、大盛り」
沙羅「じゃあ、私も大盛り」
莉久「兄さん、兄さんは？」
真司「じゃあ、大盛りで」

美宇「皆んな大盛りで」
「おーっ」と歓声が上がる。

128 車の中

黒塗りの車の助手席に乗り込む井川。
井川「（車に乗り込んで来て）大臣、どうして本当のこと、言わないんですか？」
山神「……」
井川「ただでさえ研究費の少ない国なのに。大臣が基金の創設に奔走していたこともあの人達は知りません！」
山神「もういい。覆水、盆にかえらず。あと少しで基金の設立はできた。だが、彼らの理想もまた正義だ」

何も言えず、下を向く井川。

山神「こうなったら発想を変える。我が国のイメージアップに使う」

129 端目家の前

走り去る車。

130 スパイスが供給された描写

（スーパー）

連の声「世界中のラボが治療薬を開発したおかげで、僕たちのカレーが戻ってきた」

スーパーの棚に、スパイスやカレールーが並ぶ。

棚から、ルーを手にする人々。

131 スパイスが供給された描写

（カレーショップ）

CoCo壱番屋、営業中の札。

従業員「お待たせ致しました」

従業員「はい、お待たせしました」

従業員「お待たせ致しました」

店で、カレーを食べる人たち。

従業員「お待たせしました。野菜カレーです。失礼致します」

上等カレー、C&Cなど。

132 スパイスが供給された描写

（カレーショップ）

マドラスカレーの店の中に入っていく人々。

店で、カレーを食べる人たち。

従業員「はい、お待たせしました」

カレーを食べる人々の顔。

133 スパイスが供給された描写

（アパホテル）

秘書とコック長が見ている中。

レストランでカレーを試食をしている女性。

女性「うんー」

従業員「お味、如何ですかー？」

女性「美味しいですー」

従業員「うん、うん」

女性「さすが、腕落ちてないわね」

134 厚生労働省・会見場

厚生労働大臣・山神輝義の定例会見。

鳴り響くシャッター音。

山神「端目陽一氏博士の研究データーが世界に無料で配信されました。このデーターを元に世界の研究機関が新薬を研究してくれることを望んでいます」
井川が山神に電報を手渡しする。
山神「おぉ、ＥＵ、マレーシア、インドネシアで新薬開発に着手」
〝おおー〟と歓声が記者達の中から上がる。鳴り響くシャッター音。
山神「まぁ、新薬ができればこれは我々、いや、世界にとってのこれは大きな第一歩になります」
蓮の声「山神大臣は、自分の手柄のように端目陽一をほめたた」
山神「それから厚生労働省に感謝のメール、７００件以上。これは相当、日本のイメージアップに繋がるね」

１３５ インド料理店・店内

蓮、莉久、沙羅、美宇がカレーを食べている
店員がナンを持って来る。
沙羅「んー美味しい」
美宇「うまっ」
店員「失礼します。はい、おかわりナン」
ナンを受け取る美宇。
美宇「皆んな、食べるの遅くない?」
沙羅「早くない?」
店員「すみません。はい」
美宇「有難うございます。はい」
沙羅「はみ出てるし」
美宇「ね、でっかいよねー」
莉久「ねえ、私たちってカレーみたいじゃない?」
沙羅「なんなの?それ?」
美宇「ナンだよこれ?」
沙羅「違うー」
莉久「美宇先輩は、さわやかで力強いコリアンダー、沙羅は香り高いクミン、蓮は全体のまとめ役ターメリック。どれが欠けても物足りない。カレーには最低限必要なもの」
蓮「(…という事は)莉久はチリペッパー?超刺激的だから」
沙羅、美宇、賛同する。
莉久「でもね、大切なことはそれだけじゃないの」
沙羅「なに、なに?」
莉久「スパイス愛」

136　桜並木・浅野川沿いの道

満開の桜。

蓮の声「スパイス愛、そんな言葉を残して、莉久は留学を決めた。将来はスパイスの研究者になりたいそうだ」

137　中の橋の上

空を見上げる蓮と沙羅。

蓮の声「沙羅は、タレントを目指して、東京の高校に転校することになった」

沙羅「莉久が頑張ってるから、沙羅も頑張らなきゃって思う」

蓮「…うん」

沙羅「蓮は？…蓮はどうするの？」

蓮「まだ、わかんない。探し中」

沙羅「探し中？」

蓮「うん、探し中」

沙羅「そっか」

桜の木の下、別々に歩み出す二人を上空から見つめて…。

連の声「あ、そうそう、大事なことを言い忘れた。……端目陽一は、莉久にもメッセージを残していた」

138　端目陽一の書斎

ＰＣ画面のメッセージ——

〝莉久へ　君を娘に持てたことを誇りに思う　スパイスより愛を込めて〟

陽一の声「莉久へ君を娘に持てたことを誇りに思う。スパイスより愛を込めて」

内山奈美　稲田カンナ　渡辺哲也　小縣英雄
中西康浩　中西杏里　野呂裕樹　内海直大
キム ソクウォン　横林英勲　吉野公貴
五十嵐絢菜　犬塚海人　大竹莉央　加藤英恵　木村 碧
河野天音　成島 豊　長谷彩七　藤澤美優
下田頼知　朴 智永　金 宰煥
田中美帆　瀧澤由依　鈴木和也　倉重千史
脇坂大喜　廣瀬 豪　宿野晴希　野坂珀斗　本田愛翔
中谷芽依　窪 文乃　宮本真緒　高畠真愛　田中 蓮
山本あさひ　堀井琴乃　嶋田あい　宮本きらり　タイチ
小西里佳　奥山 芽　佐藤桃香　金子誠幸
村越元汰　森川日捺　深井乙斗把
宮森心音　宮森花音　宮下清欄
小西 葵　早坂深雪　中宮千里
宮森繁治　宮森幸子　サハゴパール
元田怜花　元田誠志郎　加藤遙姫
椎名華蓮　森本敬一　二宮絵梨香
飯田頼知　池田琉生　伊澤咲希奈　祝 未緒　粂井七星
洪 詠翔　郡山春伽　佐々木彩羽　張 璽　萩谷聖斗
長谷川 邑　畑南奈花　福本藍海　山中美優
金沢星稜大学学生の皆さん
新保温己　多賀章渡　竹澤拓真　鳴瀬 歩
小川裕矢　笠井昂己　小林 龍　桜井真崇
丹羽晃駿　田川智丈　角 陽希　岩谷信之介
大場祐貴　宮下陸哉　石本俊輔

石川県のみなさん　富山県のみなさん

田中 直樹

田中 美里（友情出演）

加藤 雅也

プロデューサー　中西康浩 宮森宏和 瀬木直貴
カレー監修　一条もんこ
キャスティング　茂木ちか
ラインプロデューサー　高 明
地域プロデューサー　北口静祐

音 楽　高山英丈

脚 本　アラン・スミシー

監督補　高 明

中川 翼

茅島 みずき

速瀬 愛

坂巻 有紗

藤枝 喜輝

福山 翔大

西山 繭子

横山 めぐみ

萩原 聖人

鈴木大二郎　橘華るり　寺澤永夢　渡里安衣
北川忠明　本多 翔　小坂羽奈　島田栞里
中屋朝陽　上田善己
オモテカホ　辰巳まひる（西金沢少女団）
中西未代子　凪乃亜衣
渡邊大輔　瀬戸貴博　菅沼 岳　寺島瑞樹
早田貴幸　玉木惣一郎
山本智美　平井 寅　澤井達司　多賀祐子
井ノ川雄大　金屋武史

元谷 芙美子

深見邦仁　竹田孝彦　島津博雄　大石裕子　真次伸彦
小川雄一　槌田親司　平岡 聡
大森直樹　亀嵜正和　中澤実仟盛　松本静郎　井上延行

宣伝プロデューサー　福田大輔
宣伝　貝塚千恵　山下幸洋
黄川田 稔(SPACY SPICE)
ポスターデザイン　松田政門
予告編制作　越前屋一幾
公式HP制作　東 廣俊
劇場営業　金子 仁

主題歌
「僕らはそれを愛と呼んだ」
あたらよ
作詞：ひとみ
作曲：ひとみ
編曲：あたらよ、Naoki Itai（music for music）
© A.S.A.B

音 楽
音楽制作　高山英丈

ニューヨーク音楽コーディネート：　1159 Brooklyn

1st Violin：　Saki Uetsuhara
2nd Violin：　Hector Falcon
Viola：　Dilyana Zlatinova-Tsenov
Cello：　Kirsten Jerme
Piano：　Hidetake Takayama
Martha Kato
Trumpet：　Anthony Higham
Percussions：　Keita Ogawa

Recorded and mixed by　Todd Carder
Studio coordinator：　Andy Plovnick
Recording Studio：　The Bunker Studio

後 援
石川県　金沢市　小松市　加賀市　内灘町
日本カレー協議会

協 力
トップコート　アミューズ　バーニングプロダクション
アルファエージェンシー　トライストーン・エンタテイメント
プロダクション尾木
スターダストプロモーション　リガメント　フラーム
吉本興業　アンプレ
アドバンス　西金沢少女団　今井事務所

撮 影　岡田賢二
照 明　宮西孝明
録 音　小清水建治
美 術　阿久津 桂
編 集　別所順平
音 響　田中 俊
助監督　金沢勇大
制作担当　川上泰弘
別班撮影　橋ケ谷典生　下山 天
スタジオ撮影　下山 天
ドローンパイロット　成田禎宏　佐藤哲治
データマネージャー　別所順平

装 飾　春原美紀
衣 裳　中村 絢
ヘアメイク　吉森香織
スチール　池田岳史
メイキング　柏 貴信

調理指導・フードコーディネート　谷口直子
調理指導　千葉 諭
漫画監修・指導　みどりの
空手指導　香川政夫
デザイン　渡邉康昭

演出助手　菅沼 岳
演出助手応援　松月慶太
撮影助手　大淵博道　神谷麻歩
撮影助手応援　小渕依吹　河野舞花
照明助手　岩谷貴生　篠崎征司　清水雅人
照明助手応援　頼光莉子
録音助手　鈴木香緒里
美術助手　細谷恵子
美術助手応援　クァン・ヘイマン
衣裳応援　藤田賢美
ヘアメイク助手　枝廣優綺

車輌　佐藤哲治　玉木惣一郎
長江貴大

カラーグレーディング　別所順平
VFX編集　下山 天
編集応援　松月慶太
スタジオエンジニア　小田颯夏　鈴木裕美

制作応援　廣垣仁一
制作見習い　伊東千輝
制作見習い応援　石本好希
制作衛生班　平尾美早
制作デスク　橋爪紗江
アシスタントプロデューサー　阿部早夏子　髙橋理紗

アニメーションイラスト制作　鎌田悠作
アニメーション映像編集　山口竜輝
監修　新田直人

協力プロダクション
KOKUBUN CONTENT

Special Thanks

北國新聞社

MRO北陸放送　テレビ金沢

OSUSO

日本空手松涛連盟
Japan Karate Shoto Federation

東京ビジュアルアーツ専門学校
大阪スクールオブミュージック専門学校　放送芸術学院専門学校
桜丘高校空手部　小松大谷高校空手部　金沢星稜大学
金沢未来のまち創造館

森八　芝寿し　メープルハウス
天とてん　FUJITA　Bond　菜香楼
デリシャスランチ惣楽　All Dash　Restaurant Systems
メルシーナガタ　太陽食品

ロケーション協力

APA GROUP　APA HOTEL

CoCo壱番屋　ゴーゴーカレー

MRO北陸放送　munejyu 株式会社宗重商店

マルエー　CHISUN　北陸大学

学校法人金城学園　学校法人金城学園 遊学館高等学校

金沢フィルムコミッション　富山フィルムコミッション
高岡市フィルムコミッション　氷見市フィルムコミッション
金沢青年実業クラブ
公益社団法人金沢青年会議所　加賀友禅の会
ナチュラル記念日スタイリスト　金沢市南倫理法人会
キッズ☆クルー　BABY☆HIPS
野々市市倫理法人会　コールオン
謎屋珈琲店　主計町茶屋街
駅前別院通り商店街振興組合　Agu.
竪町商店街振興組合
うつのみや書店　中田サッシ工業所
中西利信　金沢市東斎場
IN KANAZAWA HOUSE　瀬々らぎの森
ハローバッティングセンター　高木屋金物店
大阪マドラスカレー　KOSUGI CURRY

北陸大学学生寮ドームひまわりの家
泉 洋成　川田幸雄　高橋純子　田邉宏樹
深田善郎　堀川靖子　米澤馨士

撮影機材協力
三和映材　クリエイティブスタジオゲツクロ
Ten Film　COCOモーション

照明機材協力
嵯峨映画

車輌協力
石川日産自動車販売　グッドレンタカー

美術協力
米新品種「ひゃくまん穀」普及推進委員会
一般社団法人山中温泉観光協会

House　株式会社ギャバン
宮島醤油株式會社
ゴーゴーカレー　テルモ株式会社
hokka　KANAZAWA BEER　DASHI CURRY TOKYO

ヘアメイク協力

COSMETICS　Koh Gen Do　napla　PRISILA

衣裳協力
おかもと技粧

TIME STATION NEO　空手衣のヒロタ　AIGLE　aquagarage.
MOTHERHOUSE　LANDS' END　礼服レンタル.com　Showtime
So close,　TIMELESS COMFORT　ZETT　ZIP FIVE
BRICK HOUSE　e-zakkamania stores　WORKMAN Plus
Honeys　idem　VACANCY　GRL
OLIVE des OLIVE　SocialGIRL　Samantha Thavasa
SAMANTHAVEGA　Samantha Thavasa Petit Choice　MEI
お世話や　銀座カレン

ポスプロ協力
キッズカンパニー　Ten Film
松竹京都撮影所　松竹映像センター